石川晶康

林琬清 譯
翁育瑄 審閱

十小時速懂日本史

中高6年間の
日本史が10時間でざっと学べる

五南圖書出版公司 印行

前言

　　當外國人問你「『日本』是什麼時候建國的？」「日本文化中最重要的領域是什麼？」等這些簡單的問題時，你會不會支支吾吾答不出來呢？爲了避免這種情形發生，本書將提供關於這些問題的資料給各位讀者參考。

　　那是不是鎖定某個領域學習就好了呢？其實不然。

　　「日本史」的學習，必須從古至今，綜觀整個歷史才有意義。只是我們沒必要去死背所有人名和事件的細節，畢竟這連考生都辦不到。要把高中的日本史課本全部背下來，實際上是不可能的，也沒必要這麼做。可是提到「日本史」，就會有「背誦的工作」、「死記的科目」之類的強烈印象。或許對社會人士而言，想要把日本史從古代到現代全部學習一輪，需要具備相當大的決心吧。

　　然而，重要的是要學習日本史的全貌。這並不是量的問題，就算去累積學習個別事件、人物，或是繪畫、建築等領域的歷史，也不能算是在學習「日本史」的知識。

　　例如我喜歡織田信長，就算知道再多信長的各種知識，那也只是對英雄傳記很熟悉而已，充其量只能說是喜歡在故事中身爲主角的織田信長，並不能說那就是「日本史」。我們必須先了解日本 16 世紀所處的國際環境、經濟體系、政治運作的特徵，才能透過「日本史」來評價織田信長。

　　所以本書的目的，就是要帶領大家綜觀古今，統整學習「日本史」。

讓我們一起來按時代學習，一窺究竟哪些是傳統文化，哪些是創新發展吧！

河合塾日本史講師
石川晶康

第 **3** 部
近世

08 戰國亂世的到來 —86

09 終於到來的太平盛世 —96

10 江戶時代的發展與改革 —106

第 1 部

---

10 hours ⊘

JPN history

古代

日本起源前的「日本史」

　　繩紋文化（時代）的研究，始自1877年美國生物學家摩斯（Edward S. Morse）發現**大森貝塚**（東京都），7年後（1884年）又因彌生陶器的出土，開啓了**彌生文化（時代）**的研究。繩紋陶器質地較厚，呈黑褐色；彌生陶器質地較薄，呈紅褐色，兩者明顯源自不同系統的陶器。在此階段，日本史的研究可追溯至約1萬年前。

　　然而在1931年，從兵庫縣明石市西八木海岸的海階上，因發現了「原人」腰骨斷片而受到極大的關注。人類的演化，是以猿人──→原人──→舊人──→新人──→現代人爲順序而演化。若此斷片確定爲「原人」，將會是比繩紋、彌生人更爲古早，即爲地質學上的更新世（200萬～1萬年前）的人骨。繩紋、彌生人則和現代人相同，是全新世（1萬1000或1萬年前～現在）的人類，也就是新人。

　　日本歷史的起源又在此大幅地向前推進。可惜明石人骨的原物現已遺失，無法運用現代人類學進行比對驗證。之後又陸續發現了**港川人**、**山下町洞人（沖繩縣）**等已確定爲新人的人骨化石。

　　此外，日本各地所發現的**打製石器**，已證實更新世人類的存在。最早的遺跡是爲**1946年**所發現的**岩宿遺跡**。業餘考古學家相澤忠洋，在群馬縣（綠市）的紅土（關東壤土層）更新世地層中發現了打製石器，並已在學術調查中獲得了證實，因此現在「日本史」的起源可追溯至舊石器時代。

日本的起源

| 石器時代 | ● 使用陶器之前的時代
● 分為舊石器時代和新石器時代 |

| 約1萬
3000年前
繩紋時代 | ● 特徵為製作與使用帶有繩紋裝飾的陶器
● 繩紋時代相當於新石器時代 |

| 約2500年
前
彌生時代 | ● 出現稻作，食物來源從採集轉變為生產
● 著名的邪馬台國卑彌呼生存的時代 |

▶ 02

被稱作日本半島的舊石器時代

　舊石器時代是地質學上所謂的**更新世**，也是被稱爲冰河時代的寒冷時期。極寒冰期曾多次降臨，冰河的發達導致海水減少，海平面下降，陸地面積擴大。現今的日本列島，過去也曾和大陸相連。當時被稱爲「**日本半島**」的時期，島上跟歐亞大陸一樣有大型古菱齒象和大角鹿等動物棲息，推測當時的人類可能多以這些大型動物作爲食物。但當時的人骨化石幾乎已無殘留，目前可確定爲更新世人骨的有**濱北人**（靜岡縣）和**港川人**、**山下町洞人**（沖繩縣）等。

　日本各地皆可發現他們所使用的器物和石器，當時的石器是以敲打方式製作刀刃部位所造出的簡單石器，也就是**打製石器**。相對於繩紋時代出現的磨製石器，打製石器被稱爲「舊石器」，因此這個時代也稱爲舊石器時代、舊石器文化。代表性的打製石器有石斧、石刃（餐刀形石器）、用來當石槍槍頭的突刺用尖狀器，最晚期還出現組合式的**細石器**。之所以被稱爲細石器（剝片石器），因爲是將狀似刮鬍刀片的石器，鑲嵌在以牙、骨所製溝漕台座上的器物。

　據推測，當時的人類是以小群體在固定區域間移動形式來生活，住所也是以帳篷式小屋和洞穴爲主。在此想要了解當時人類的實際生活情形絕非易事，但在長野縣野尻湖底遺跡出土了古菱齒象、大角鹿等大型動物化石的同時，也發現了石器和骨器，以及解體大型動物的**屠宰場**（killsite），而受到極大的關注。推測當時的人應該是集體來宰解古菱齒象等動物。

石器時代的遺跡

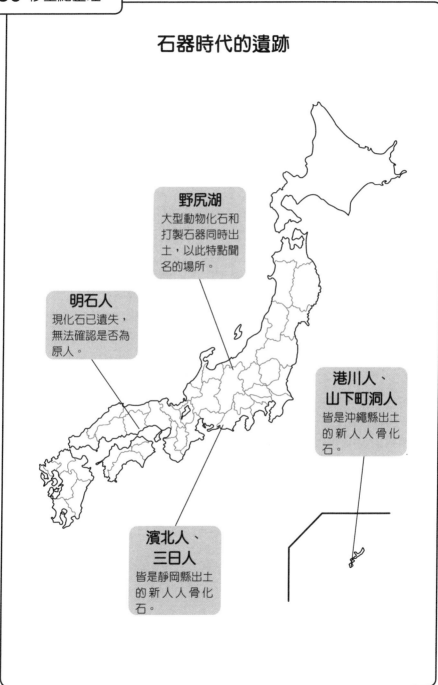

野尻湖
大型動物化石和打製石器同時出土，以此特點聞名的場所。

明石人
現化石已遺失，無法確認是否為原人。

港川人、山下町洞人
皆是沖繩縣出土的新人人骨化石。

濱北人、三日人
皆是靜岡縣出土的新人人骨化石。

▶ 03

日本列島的誕生
與繩紋時代

在1萬多年前，冰河時代（更新世）結束而進入**全新世**。當時因地球暖化，冰河溶解後造成海平面上升，日本列島於焉誕生，進入了繩紋時代。

日本列島上的大型動物滅絕，人類開始以鹿、山豬、兔子等敏捷的中小型動物作爲食物，隨之發展出**弓箭**。植物的分布也開始產生變化，東日本成爲落葉闊葉林地帶，西日本成爲常綠闊葉林地帶，人類開始在落葉闊葉林中採集**果實**爲食。河口地帶也可捕獲豐富的魚貝類，多樣的食物可使生活無虞。

除了打製石器之外，還出現了高加工度的**磨製石器**。此時的生產經濟雖還不甚發達，但以石器分類來說，已進入了**新石器時代**。

然後陶器登場，世界上最古老的陶器誕生。美國生物學家摩斯特別關注陶器上的美麗繩紋紋飾，稱之爲**繩紋陶器**，其他還有各式各樣從無花紋到裝飾豐富的陶器。這些陶器可用來加熱烹煮植物果實、魚貝、鳥獸的肉，也可以煮沸海水來製鹽。

在居住方面，半地穴式的**豎穴式住居**發達，也出現了大型聚落，代表性例證爲青森縣的**三內丸山遺跡**。

遠距離的交易也很興盛，因爲**黑曜石**和**翡翠**（硬玉）等在特定產地才有的材料，分布在廣泛區域。

如今我們明確知道繩紋時代是相當華麗富饒的時代，一舉推翻過去認爲繩紋時代處於嚴酷環境的單純印象。

繩紋時代的黑曜石產地和交易範圍

- 黑曜石的主產地
- 黑曜石的交易範圍

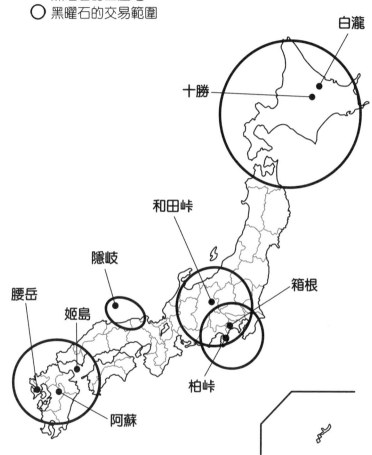

黑曜石當時是用來製作石器的原料，目前已發現多個產地。經調查出土的黑曜石原產地的結果，得知原產地和消費地區的交易範圍相當廣泛。

三個日本的彌生時代

　　西元前4世紀，於繩紋文化晚期，九州北部出現**水稻農耕**，也廣泛使用**青銅器**和**鐵器**，這是從中國和朝鮮半島傳入的文化。若從陶器的標準來看，當然是**彌生陶器**發達的時代，彌生文化、彌生時代就此成立。

　　只是這個文化並未擴展北海道以北，以及包含沖繩在內的琉球群島，因爲北海道的「**續繩紋文化**」、沖繩的「**貝塚文化**」正在發展中。之後北海道發展出**擦紋文化**，加上鄂霍次克文化的傳入，形成了中世之後的**愛奴文化**。沖繩則於中世建立了**琉球王國**。這樣的狀態，可說造成了「三個日本」的架構。

　　彌生文化最大的特徵爲水稻農耕，此種**生產經濟**方式可穩定地貯存糧食，和以往的狩獵、採集大不相同。村民必須通力合作，進行灌溉，維持水田運作，且必須準備與其他地區間的競爭，於是需要領導者率領群眾，同時也會出現戰奴。鐵製農具和武器變得相當重要，村落之間開始出現了階級差距。如佐賀縣的**吉野里遺跡**就是深壕環繞，具備防禦功能的**環壕聚落**，顯示了「戰爭」時代的開端。

　　然後鄰近的聚落會聯合起來組成「邦國」，構成了小國，這些小國將再繼續聯盟。3世紀由卑彌呼作爲盟主的邪馬台國，正是這些小國聯盟所形成的結果。四周挖溝渠而成的環壕聚落，與高地型聚落也隨之發展了起來。

以掌握引進稻作為關鍵來看日本文化的三條分流

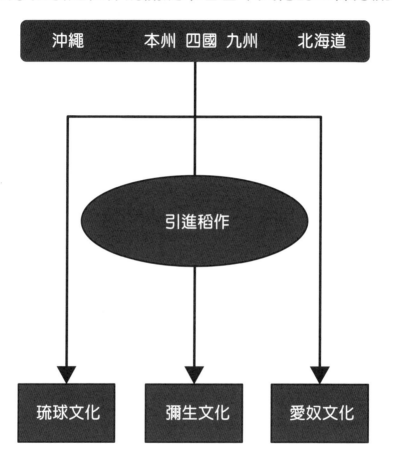

沖繩　　本州 四國 九州　　北海道

引進稻作

琉球文化　　彌生文化　　愛奴文化

以現在日本的地域來看，可分為北海道，以及本
州、四國、九州，還有沖繩3個區域，各自發展出
不同的文化。

女王卑彌呼
與大和政權的誕生

　　奈良縣櫻井市的**纏向遺跡**，是2世紀末至4世紀中旬的大型聚落遺跡，遺跡內的**箸墓古墳**是最早的大型**前方後圓墳**。墳長爲超過280公尺，遠遠超越彌生時代的大型墳墓。建造時期推測爲3世紀後半，和邪馬台國的女王**卑彌呼**死後，卑彌呼一族的女性壹與（臺與）成爲後繼者的時期重疊，因此箸墓可能就是卑彌呼或壹與的墳墓。

　　從近畿地方到瀨戶內海沿岸，也幾乎同時出現了形狀相似的前方後圓墳，當中以箸墓古墳規模最大。從箸墓之後前方後圓墳的分布來看，畿內的規模也遠遠超過其他地區。因此箸墓古墳的出現，對大和政權的成立而言具有極爲重大的意義。

　　葬在箸墓古墳裡的人物（被葬者），極有可能就是大和政權的最高統治者「大王」，而服從於大王的地方權勢者，則建造了形狀相似，規模比大王小的前方後圓墳。易言之，前方後圓墳的出現及其發展，正代表了**大和政權的誕生**。

　　5世紀正值古墳文化的中期，這時前方後圓墳呈現巨大化。大山（仙）古墳（大阪府堺市）爲陵墓面積世界第一大的古墳，第二大爲譽田御廟山古墳（大阪府羽曳野市），除了第四大的岡山縣造山古墳之外，巨大古墳全都集中在畿內。除了單純的圓筒型埴輪（註：陶俑）之外，形象埴輪（註：有其他造型的埴輪）也多了起來。之後還發展出人物埴輪、動物埴輪等，和繩紋時期的土偶一樣，出現了許多優秀作品，像是「回頭看的鹿」埴輪等都是值得一看的作品。

與女王卑彌呼同時代
（西元240年前後）的主要地區

●**中國（三國志時代）**

蜀國的著名軍師諸葛亮沒於
西元234年

●**羅馬帝國（軍人皇帝時代）**

羅馬和平的五賢帝時代結束，進入了短期間內
皇帝不斷輪替的混亂期

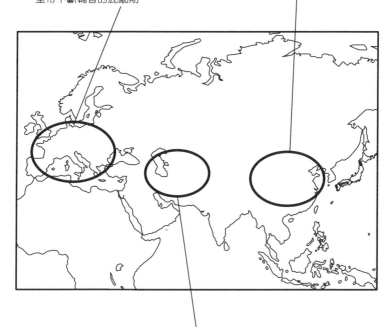

●**波斯（薩珊王朝時代）**

西元226年出現了橫跨3世紀到7世紀，統治伊朗
高原和美索不達米亞的大帝國

謎一般的四世紀：
前方後圓墳的時代

彌生時代誕生的邦國（小國）逐漸聯合，戰爭不斷，如《後漢書・東夷傳》「倭國大亂，更相攻伐，歷年無主」所述，2世紀的混亂到了3世紀仍未結束。《魏志・倭人傳》中所記載「倭國亂，相攻伐歷年，乃共立一女子爲王，名曰卑彌呼」，在歷經了邪馬台國和卑彌呼的時代之後，**巨大古墳**於3世紀後半出現在大和地方，並在短期間內從瀨戶內海沿岸傳佈到畿內。

這些巨大古墳多爲**前方後圓墳**。這是以大和爲根據地的勢力向外擴展統治範圍的成果，屬於其協助者或被統治者等各地區的勢力首長也建造了相同的墳墓，因此從古墳分布區域可推測出日本古代國家的原型，所謂的**大和政權**在此誕生。

《魏志・倭人傳》中並未記載大和政權的成立。在中國，魏、蜀、吳三國時代結束之後，後續的晉朝立即滅亡，進入多個國家統治亂世中國，即所謂五胡十六國的混亂時期。因爲沒有關於4世紀的中國史書，也沒有記錄當時倭國情形的文字史料存在，所以這段時期被稱爲「**謎一般的四世紀**」。

加上東亞諸國原本是以中國王朝的勢力爲後盾，來馴服鄰近周邊的民族；而現在卻無法再借用中國的權威，不得不走出屬於自己的路線。中國4世紀的混亂，帶給含日本在內的東亞地區，出現新生國家的機會。如朝鮮半島北部有高句麗崛起，半島南部則有3個聯盟國家馬韓、弁韓、辰韓的出現；後來由馬韓形成百濟王朝，從辰韓形成新羅王朝，在弁韓的加羅據說有倭國的據點存在。而倭國在接下來的5世紀中，爲了朝鮮半島的特權，一躍進入了「**英雄的時代**」。

4世紀前半充滿混沌的東亞地區

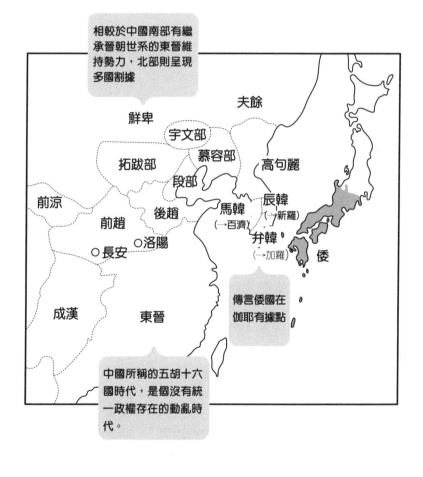

相較於中國南部有繼承晉朝世系的東晉維持勢力，北部則呈現多國割據

傳言倭國在伽耶有據點

中國所稱的五胡十六國時代，是個沒有統一政權存在的動亂時代。

▶ **02**

英雄的時代：
獲加多支鹵大王登場

　　「謎一般的四世紀」結束，進入5世紀之後，中國也進入了南北朝這個較爲穩定的時代，於是又開始撰寫史書。在《宋書・倭國傳》裡提到了**「倭國五王」**。

　　五王的名字依序爲讚、珍、濟、興、武，據推測，應該就是指8世紀完成的《**日本書紀**》中所寫到的應神、仁德、履中、反正、允恭、安康、雄略天皇等當中的五王。其中有定論的是濟、興、武分別相當於允恭天皇、安康天皇和雄略天皇。

　　據《宋書》記載，武（雄略）向統治中國南部的宋朝朝貢，誇耀「東征毛人五十五國，西服眾夷六十六國，渡平海北九十五國」，進行了統治列島的戰爭，自稱「使持節，都督倭、百濟、新羅、任那、加羅、秦韓、慕韓等七國諸軍事安東大將軍，倭國王」之名號，即倭國和朝鮮南部七國的最高司令官之意。由此可看出，雄略天皇除了大和政權的統治地區之外，還爲了取得朝鮮半島南端的冶鐵資源及技術，掌握權力根源，欲先獲得宋朝的認可。

　　《日本書紀》中記載雄略天皇名爲「大泊瀨幼武（註：日文發音爲OOHATSUSEWAKATAKERU）」，而埼玉縣稻荷山古墳出土的鐵劍銘，和熊本縣江田船山古墳出土的太刀銘上皆刻有**「獲加多支鹵**（註：日文發音爲WAKATAKERU，即雄略天皇）」。由此可知，東方的埼玉縣豪族和西方的熊本縣豪族，都在雄略天皇的統治底下。

　　5世紀的大和政權統治範圍已從關東跨到九州，而「東征毛人」之戰也成爲**獲加多支鹵**的東征神話，留存在日本國的歷史書中。同一時間，大阪平野也出現了橫跨東西部的巨大前方後圓墳群，有包含**大仙陵古墳**在內的泉州堺市**百舌鳥古墳群**，和往東約八公里的**譽田御廟山古墳**等河內藤井寺地區的**古市古墳群**。可說是名符其實的「英雄的時代」。

天皇與倭國五王

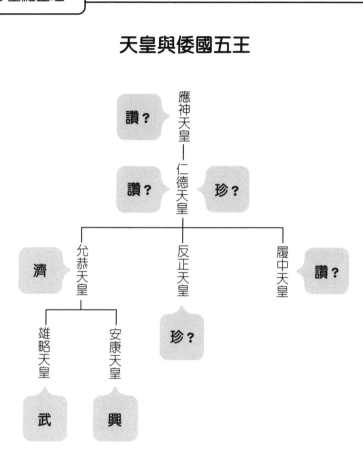

濟就是允恭天皇，興就是安康天皇，武就是雄略天皇，此已是定論，但讚和珍相當於哪位天皇？目前眾說紛紜。

與大陸的交流
和蘇我氏的崛起

「倭國五王」的世系，被稱作**應神王朝**的傳承斷絕在武烈天皇這一代。這時大和政權的豪族們從越前（福井縣）迎接應神天皇的五世孫男大跡王，使之即位成爲繼體天皇。繼體天皇花費了將近20年的時間進入大和，可見當時的反抗勢力相當龐大。

在新羅和高句麗的壓迫之下，大和政權在朝鮮半島所擁有的特權出現危機。572年派兵前往朝鮮之際，大和政權的派遣軍卻遭到筑紫國（福岡縣）的豪族磐井與新羅聯手阻擋，此內亂正是「**磐井之亂**」。

繼體天皇之後仍然處於混亂狀態。繼位的繼體天皇之子安閑、宣化兩位天皇，與大和政權內的強大豪族蘇我氏所擁立、同樣身爲繼體天皇之子的欽明天皇處於對立狀態。贏得這場鬥爭的**蘇我稻目**和其子**馬子**，於587年消滅政敵物部守屋，掌握完整權力。之後又暗殺了與之對立的崇峻天皇。

正好在這個時候，中國於589年隋朝成立。這是晉朝以來，許久未見的強大統一王朝，之後隋朝與高句麗之間的戰爭也就此展開。

大和政權擁立女性天皇爲推古天皇，並由外甥**廄戶王**（之後稱爲聖德太子）和大臣蘇我馬子掌握實權。

廄戶王制定**冠位十二階**和**憲法十七條**，並派遣**遣隋使**，進一步向隋朝學習新知，打算建立**中國式的中央集權國家制度**，將倭國打造爲能與隋朝分庭抗禮的國家。只是廄戶王死後，蘇我氏又再度專橫跋扈，使邁向中央集權國家之路窒礙難行。

應神王朝和繼體天皇以降的系譜

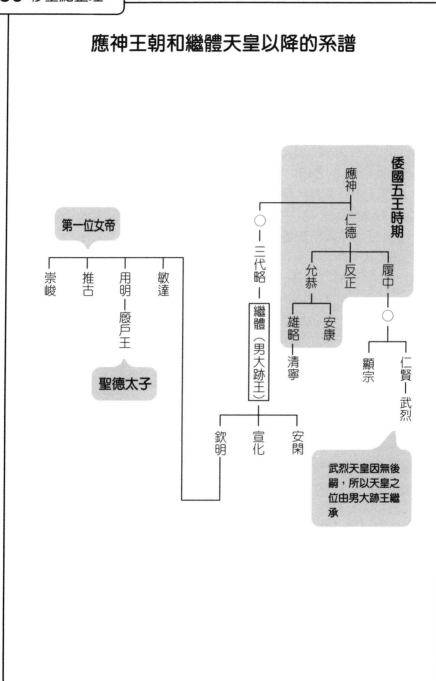

第一位女帝

聖德太子

倭國五王時期

武烈天皇因無後嗣，所以天皇之位由男大跡王繼承

大化革新
與白村江的敗戰

　　618年唐朝取代隋朝登場，而成爲大帝國。這時隨同遣隋使赴隋的留學生和學問僧已經歸國，他們所帶回來的資訊，引發了大和政權內部的政變，也就是645年的**乙巳之變**。**中大兄皇子**、**中臣鎌足**等人消滅了蘇我氏本家的**蝦夷**和其子**入鹿**，擁立孝德天皇取代皇極天皇掌握政權。之後以中央集權化爲施政目標。「**大化革新**」即爲孝德天皇時期的政治改革。

　　646年朝廷頒布**革新詔書**是爲政治改革方針。第1條爲公地公民制，規定土地和人民全都歸天皇所有。第2條爲劃分地方行政區域，確立中央集權政體。第3條爲設立戶籍、計帳（註：人口賦役記錄），實施**班田收授法**。有了戶籍就可以編制軍隊，收取每年的賦稅，並按照一定標準授田給人民。第4條爲實施全國統一稅制。只是這四條都記載於8世紀編纂的《日本書紀》中，因此正確程度值得商榷。

　　之後還發生了重大事件。660年，日本的友邦百濟遭唐朝與新羅的聯軍攻滅。663年，日本爲了復興百濟，與唐朝、新羅聯軍對戰，吃了場大敗仗，此是爲**白村江之戰**（註：亦稱白江口之戰）。日本不得不從朝鮮半島全面撤退。因畏懼唐朝可能有時會攻入日本，於是築水城保護大宰府，又在西日本各地建造被稱爲**古代朝鮮式山城**的防禦設施，範圍從九州到大阪灣，同時遷都至位於內陸的近江大津宮。

　　668年，高句麗遭唐朝與新羅滅國，百濟的亡命貴族此時逃至日本，同年即位的中大兄皇子（天智天皇）接納了他們，並於670年完成了日本最初的全國性戶籍「**庚午年籍**」。次年，天智天皇沒於大津宮。

大化革新詔書

概要

1 土地與人民歸天皇所有。

2 劃分地方行政區域。

3 設立戶籍，制定班田收授法。

4 制定新稅制。

原文（出自《日本書紀》）

1 罷昔在天皇等所立子代之民処々屯倉及臣連伴造国造村首所有部曲之民処々田莊。

2 初修京師置畿内国司郡司関塞斥候防人駅馬伝馬及造鈴契定山河。

3 初造戶籍計帳班田收授之法。

4 罷旧賦役而行田之調。

▶ 05

神格化的大王：
天武天皇

672年天智天皇駕崩後，**壬申之亂**爆發。天智天皇的弟弟**大海人皇子**動員東國（東海道伊賀以東，東山道美濃以東）豪族，攻打天智天皇的兒子大友皇子。

支持大友皇子，天智天皇時期的畿內大和王權豪族就此沒落。大海人皇子將朝廷從近江大津宮遷回飛鳥（飛鳥淨御原宮），即位爲天武天皇。

戰爭中獲勝的天武天皇權力變得非常強大，甚至出現歌頌**天皇神格化**的和歌「使大君爲神」，這股力量推動了中央集權化。

684年天武天皇制定**八色姓**制度，將以往的姓氏全數取消，依階級將姓氏改爲「眞人」、「朝臣」、「宿禰」、「忌寸」、「道師」、「臣」、「連」、「稻置」。擁有天皇血統的有力豪族爲最上位的「眞人」，身分秩序以天皇爲中心進行重組。此外，「天皇」、「日本」這類新詞也就是在這個時期出現，成爲最具權威之固定用語。

同時也開始著手編纂與中國正史對應的史書，8世紀完成的《**古事記**》、《**日本書紀**》便是其成果。

686年天武天皇死後，由皇后（天智天皇之女）繼位，成爲女帝持統天皇。持統天皇延續天武天皇的政策，並於694年遷都於**藤原京**。這是日本第一個仿造中國的都城。

中央集權國家需要大量官僚。官員辦公用的官廳、通勤用的官宅、維持生活的居住區以及市場都是必要的。以往大王都會在各地建造「宮殿」，現在則改爲打造「京城」，以作爲延續政權的中心地。

天武天皇的事蹟

制定八色姓

以天皇為中心，重編身分秩序

編纂史書

下令編纂《古事記》、《日本書紀》

準備導入律令制

制定飛鳥淨御原令

營造藤原京

日本最初的條坊制都城

出現「日本」、「天皇」的稱呼

從這個時期開始將「倭國」稱為「日本」，將「大王」稱為「天皇」（存在其他說法）

天武天皇勢力強大，開創各種事業，甚至出現「使大王（天武天皇）為神」的歌頌，使其事蹟流傳至今。

中國的律令
與中央集權體制

　　8世紀初的701年制定**大寶律令**，完成律令體制國家的基本法。**律令是引自中國的法律體系**，分為「律」和「令」兩大部分。律相當於現在的刑法，規定犯罪即違反儒教道德的行為及其刑責。令相當於現在的憲法、民法、訴訟法等律以外的法律規範。法律必須隨著時代改變而修訂，值此之際修正的新規定稱為「**格**」，律令以外法律實際的施行細則稱為「**式**」。

　　日本確實存在的律令法，是持統天皇時代自689年施行的飛鳥淨御原令。而第一個完整的律令法典，是文武天皇時代於701年完成的大寶律令。大化革新政府導入中國制度時，首次使用「大化」為日本年號，可是之後並沒有繼續制定象徵**皇帝統治**「**時間**」的年號。直到律令完成後，將701年定為「大寶元年」，日本年號才重新復出，之後便一直用到現在的「令和」。

　　718年的**養老律令**是重新修訂後的律令，至今仍可得知其內容。蒐集分散的史料加以校訂後，幾乎還可看到律的樣貌。9世紀完成的《令義解》和《令集解》，是刊載養老令條文和注釋的書籍，故可藉此復原養老令的內容。

　　9世紀開始進行格、式的編修工作，包括弘仁格式（820年左右）、貞觀格式（869年格、871年式），以及最後的法令編纂作業之延喜格式（907年格、927年式）。當中還殘存至今的只有**延喜式**。

「律、令、格、式」

法典名		編纂・制定（天皇）	施行（天皇）	編者	卷數
近江令		668？（天智）	671？（天智）	中臣鎌足 等	22？
飛鳥淨御原令		681？（天武）	689（持統）	草壁皇子 等	令22
大寶律令		701（文武）	律702（文武） 令701	刑部親王 藤原不比等 等	律6 令11
養老律令		718（元正）	757（孝謙）	藤原不比等 等	律10 令10
弘仁	格	820左右 （嵯峨）	830（淳和）	藤原冬嗣 等	10
	式		840（仁明）		40
貞觀	格	869（清和）	869（清和）	藤原氏宗 等	12
	式	871（〃）	871（〃）		20
延喜	格	907（醍醐）	908（醍醐）	藤原時平 等	12
	式	927（〃）	967（冷泉）	藤原忠平 等	50
令義解		833（淳和）	834（仁明）	清原夏野 等	10
令集解		9世紀後半 （貞觀年間）		惟宗直本	50？
類聚三代格		11世紀 （院政期以前）		？	30？

▶ 02

律令官制
與地方行政制度

以律令爲基礎的中央官制，總稱爲「二官、八省、一台、五衛府」。

「二官」包括掌管祭祀的**神祇官**，以及統管立法、行政、司法的最高國家機關**太政官**。太政官中設有左弁官和右弁官兩個官廳，左弁官屬下有中務、式部、治部、民部四省，右弁官屬下有兵部、刑部、大藏、宮內四省。

以上稱爲「八省」。左弁官的四省掌管國政吉事部分，右弁官掌管儒教世界觀中的「凶事」部分。隸屬於左弁官的中務省負責天皇朝廷公共政務，隸屬於右弁官的宮內省則負責皇室內部的生活起居。戶籍、稅制則爲民部省的管轄範圍，徵集稅賦的大藏省則設於右弁官之下。「一台」是指監察官吏、取締風俗的彈正台。從事都城、宮城警衛的「五衛府」，是由衛門府和左右衛士府、左右兵衛府所組成。

地方行政區爲國家基本單位，將諸國劃分歸屬於**五畿七道**。**畿內**包括大和、山背（山城）、攝津、河內、和泉（757年自河內分立出來）五國，其是特別重要的區域。畿內由政府直轄的道路有東海道、東山道、北陸道、山陰道、山陽道、南海道6條，另在九州設有西海道。這些道路同時也是行政劃分區域。爲了預防東國叛亂，東日本在東海道設置鈴鹿關，東山道設置不破關。北陸道設置愛發關三個關口（三關）。

此外，各官廳由上而下分爲長官、次官、判官、主典4個階級，稱爲四等官制。省則設有「卿」、「輔」、「丞」、「錄」，國則爲「守」、「介」、「掾」、「目」。

律令稅制

	正丁 （21～60歲）	次丁（老丁） （61～65歲）	中男（少丁） （17～20歲）	備註	
租	1段田徵收2束2把稻粟當土地稅，約為收穫量的3%			地方的財源，作為諸官的日常用食。706年改為1束5把，但實際分量等同2束2把	
庸	取代赴京的歲役，繳交布（麻布）2丈6尺（約8m）	正丁的1／2	無	中央的財源，有義務擔任運腳（自行負擔糧食，搬運徵收物至京城）。庸與調的布匹寬約72.7cm	京、畿內免除
調	絹、絁（粗綢）8尺5寸（約2.6m）、美濃絁6尺5寸（約2m）、絲（絹綢）8兩（300m）、棉（絹棉）1斤（600m）、布2丈6尺、其他地方產物——繳納其中1種	正丁的1／2	正丁的1／4		京、畿內各為1／2的量
雜徭	1年60日以內之勞役	正丁的1／2	正丁的1／4	依國司的權限使役，地方稅。795年起減半至每年30天	
義倉	每年繳納稻粟作為備荒儲糧。依貧富分為9個等級，上上戶2石～下下戶1斗。			每戶課稅	
出舉	律令國家於春天貸放官稻，秋天收割時徵收高額利息。強行貸放作為救貧策略			地方財源，利息5成。租稅化	
仕丁	每50戶徵發2名正丁至中央官廳服雜役3年			糧食由50戶負擔	
運腳	由各地方搬運庸、調至中央			糧食自備	
兵役	每3名正丁徵發1人分配至各地軍團。軍團士兵為10番輪替（每番10日），衛士（宮城警衛）為期1年，防人（九州沿岸警衛）為期3年			士兵的武器、糧食原則上自備。軍團士兵免除庸、雜徭，衛士、防人免除調、庸、雜徭	
除了田租以外，皇親、8位以上、16歲以下66歲以上男子、蔭子孫（5位以上的官人之子，3位以上的官人之子及孫）、女子、廢疾、家人、奴婢不課					

▶ **04**

棋盤狀首都的誕生

　　694年的藤原京是日本最早的都城，710年遷都至**平城京**，藤原京作爲都城只有短短16年。大和政權（朝廷）統治日本範圍逐漸擴展，官廳、官員人數增多，藤原京腹地不夠只好遷都……等，但這都是以往的看法。當時認爲藤原京東西寬約2.1公里，南北長約3.1公里。

　　但在1980年以降，於京城區域外發現了和藤原京同時期的道路遺構，以及寬度相同的丁字大路，現在認爲藤原京其實是長寬皆約5.3公里的「**大藤原京**」之說法較爲有力，面積大約爲過去的四倍。平城京東西長約5.8公里，南北寬約4.8公里，也就是說「大藤原京」比平城京還寬廣，故因腹地過小而遷都之說並不成立。藤原京遷都至平城京的原因，有可能是702年參觀過唐朝首都長安城的遣唐使歸國之故。

　　新建的平城京據說就是仿造唐朝的**長安城**。正中央爲寬約70公尺的朱雀大路，東爲「左京」，西爲「右京」；橫跨東西的大路稱爲「**條**」，橫跨南北稱爲「**坊**」，將京城劃分爲如棋盤般的格子形狀。左京以東還有寬敞的「外京」。

　　都市生活就是消費生活，因此官僚需要市場，便在左京設東市，右京設西市。

　　首都的中樞爲平城宮**大極殿**，是在遷都後5年完成。推測是將藤原京拆解下來的建材，搬運到此建造而成。初期的平城京，雖然人民已經在此生活，但當時卻仍是座正在營建的都城。

平城京

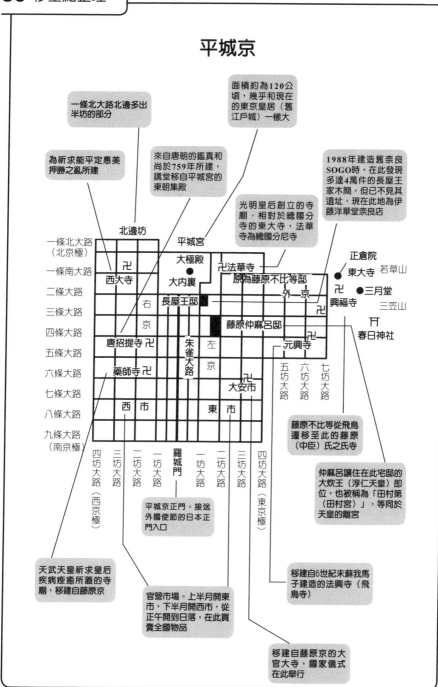

面積約為120公頃，幾乎和現在的東京皇居（舊江戶城）一樣大

一條北大路北邊多出半坊的部分

為祈求能平定惠美押勝之亂所建

來自唐朝的鑑真和尚於759年所建，講堂移自平城宮的東朝集殿

光明皇后創立的寺廟。相對於總國分寺的東大寺，法華寺為總國分尼寺

1988年建造舊奈良SOGO時，在此發現多達4萬件的長屋王家木簡，但已不見其遺址。現在此地為伊藤洋華堂奈良店

正倉院

北邊坊　　　平城宮

一條北大路（北京極）　　大極殿　　卍法華寺　　　　東大寺　若草山
一條南大路　　西大寺　　大內裏　　　　　　　　　　卍
二條大路　　　　　　　原為藤原不比等邸　　　　　●三月堂
　　　　　　　右　　　長屋王邸■　　　　　外　京　興福寺　三笠山
三條大路　　　京　　　　　　　　　　　　　　　　卍
四條大路　　　　　　■　藤原仲麻呂邸　　　　　　　卍　春日神社
　　　　　　唐招提寺卍　朱　左　　　　　元興寺　　　开
五條大路　　　　　　　雀　京　　　　　　卍
六條大路　　　藥師寺卍　大　　　　　　卍
　　　　　　　　　　　路　　五六七
七條大路　　　　　　　卍　　坊坊坊
　　　　　　西　市　　大安市　大大大
八條大路　　　　　　　東　市　路路路
九條大路（南京極）

原為藤原不比等邸

藤原不比等從飛鳥遷移至此的藤原（中臣）氏之氏寺

仲麻呂讓住在此宅邸的大炊王（淳仁天皇）即位，也被稱為「田村第（田村宮）」，等同於天皇的離宮

四　三　二　一　　一　二　三　四
坊　坊　坊　坊　羅　坊　坊　坊　坊
大　大　大　大　城　大　大　大　大
路　路　路　路　門　路　路　路　路
（西京極）　　　　　　　　　　（東京極）

平城京正門。接送外國使節的日本正門入口

天武天皇祈求皇后疾病痊癒所蓋的寺廟，移建自藤原京

官營市場。上半月開東市，下半月開西市，從正午開到日落，在此買賣全國物品

移建自6世紀末蘇我馬子建造的法興寺（飛鳥寺）

移建自藤原京的大官大寺，國家儀式在此舉行

藤原氏的崛起
與接連不斷的政變

　　平城遷都時，政權是由藤原鎌足之子**不比等**和**長屋王**（天武、天智天皇之孫）的雙頭體制來運作。720年不比等死後，長屋王獨攬政權。不比等的四個兒子，武智麻呂、房前、宇合、麻呂等藤原「**四兄弟**」，讓異母姊妹宮子成爲文武天皇的夫人，並讓兩人之子即位成爲聖武天皇，建立姻親關係，掌握實權。後來四兄弟消滅了有謀反嫌疑的長屋王，擁立異母姊妹光明子爲聖武天皇的**皇后**，藤原氏達到全盛時期，卻在737年陸續死於傳染病。

　　之後換**橘諸兄**站上政權頂端。橘諸兄之父爲皇族美努王，母爲橘三千代。三千代生下諸兄後便與美努王離異，後與藤原不比等生下光明子，因此諸兄是光明子同母異父的哥哥。

　　740年，藤原宇合之子藤原廣嗣在九州叛亂，雖立即遭到鎮壓，卻讓聖武天皇心生動搖，連續遷都至恭仁、難波、紫香樂。聖武天皇又企圖藉佛教力量實現國內和平，於是頒布**建造國分寺**和**興建大佛之詔**，發展**佛教傾向政治**。

　　將皇位讓給女兒孝謙天皇的聖武天皇殁後，由光明皇太后輔政，並拉下橘諸兄，樹立**藤原仲麻呂**（惠美押勝、武智麻呂之子）政權。仲麻呂擁立淳仁天皇，推廣儒教的律令政治，但孝謙上皇不肯將政權讓給淳仁天皇，於是便孤立仲麻呂。仲麻呂雖於764年起兵反叛，卻兵敗以終，是爲**惠美押勝之亂**。仲麻呂之亂後，孝謙上皇復位，成爲稱德天皇。這時由僧人**道鏡**掌握實權，皇位遭奪的淳仁天皇被流放到淡路。但770年稱德天皇殁後，道鏡也遭放逐至下野（栃木縣）藥師寺。隨後光仁天皇受到擁立。

奈良朝政治史

年	天皇	事件	掌權者（藤原氏）	掌權者（皇族·他氏）
710	元明	遷都至平城京		
711		頒布蓄錢敘位令		
718		編纂養老律令	不比等	
720	元正	藤原不比等歿		
721		長屋王擔任右大臣		
723		制定三世一身法		長屋王
729		長屋王之變		
737	聖武	光明子立后（光明皇后） 藤原四兄弟歿	四兄弟	
740		藤原廣嗣之亂 遷都至恭仁京		
741		建造國分寺之詔		
743		制定墾田永年私財法 興建大佛之詔		橘諸兄 玄昉 吉備真備
744		遷都至難波宮		
745		遷都至紫香樂宮 遷都至平城京，玄昉左遷		
749	孝謙	孝謙天皇即位		
752		東大寺大佛開眼供養		
756		左大臣橘諸兄辭任 聖武太上天皇歿		
757		施行養老律令，橘奈良麻呂之亂	仲麻呂 （惠美押勝）	
760	淳仁	光明皇太后歿		
764		惠美押勝之亂 孝謙復位（稱德天皇即位）		
765	稱德	道鏡就任太政大臣禪師		
769		宇佐八幡神託事件 （道鏡覬覦皇位）		道鏡
770		稱德天皇歿。道鏡放逐至下野藥師寺 光仁天皇即位		
780	光仁	陸奧國伊治郡司伊治呰麻呂之亂	百川 永手	

▶ **01**

「千年古都」
平安京的誕生

　　稱德天皇死後，壬申之亂以來延續約100年的天武天皇世系就此斷絕，天智天皇的孫子光仁天皇於63歲即位。光仁天皇廢除皇后井上內親王（聖武天皇之女）及當時的皇太子，改立與渡來人（註：外來移民）高野新笠所生的男孩為皇太子，即後來的桓武天皇。

　　桓武天皇有意識建構天智天皇世系的新王朝，推出了「軍事與造京」兩項新政策。過去在桓武天皇之父光仁天皇時期，朝廷因780年的伊治呰麻呂之亂，失去了位於東北的統治據點**多賀城**（宮城縣），因此這次派遣了規模龐大的**蝦夷征討軍**至東北地方。朝廷將住在陸奧國和出羽國（東北地方），不受朝廷支配的族群稱為「**蝦夷**」。雖然朝廷的統治範圍曾擴及北上川中游一帶，但又再度遭到反叛，使朝廷領土縮小。桓武天皇認為即使背負龐大的財政負擔，也勢必要奪回此地。終於在坂上田村麻呂當上「**征夷大將軍**」後，成功占領蝦夷的大本營膽澤（岩手縣），並於802年興築膽澤城，把軍政政廳**鎮守府**從多賀城移至此處，又在北上川上游一帶興築志波城，勢力範圍擴及現在的青森縣以南。

　　從擁立光仁天皇到桓武天皇朝發展過程中崛起的，是以藤原宇合為始祖的**藤原式家**。宇合之孫緒嗣、種繼是桓武天皇的親信，他們於784年斷然決定遷都至**長岡京**，營建新王朝的新都城。桓武天皇看中山背（山城）地方有勢力，強大的渡來氏族的技術和經濟能力，與之結盟且強行遷都。同時禁止受到國家保護，也是財政負擔主因的佛教寺廟跟著遷移至新都。營造長岡京時，藤原種繼遭到暗殺，之後朝廷又在794年遷都至**平安京**，繼續建設新都。

蝦夷與律令國家前線的變化

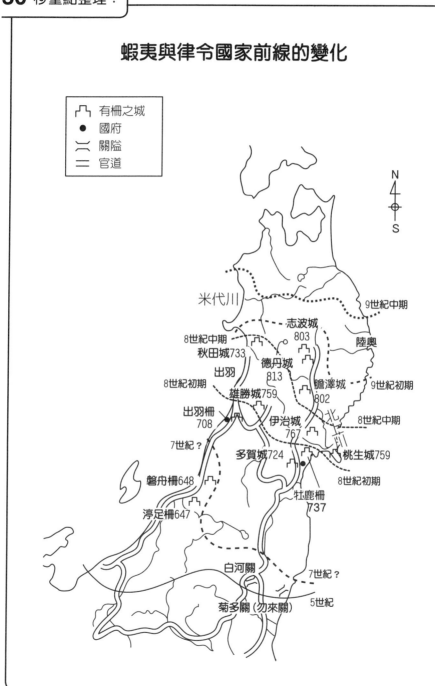

有柵之城
● 國府
關隘
官道

米代川

9世紀中期

志波城
803

陸奧

8世紀中期
秋田城733

德丹城
813

出羽

8世紀初期
雄勝城759

膽澤城
802

9世紀初期

出羽柵
708

伊治城
767

8世紀中期

7世紀？

桃生城759

磐舟柵648

多賀城724

8世紀初期

淳足柵647

牡鹿柵
737

白河關

7世紀？

菊多關（勿來關）

5世紀

藤原北家的崛起
與延喜、天曆之治

　　桓武天皇之後由其子平城天皇繼位，在營建長岡京時遭到暗殺的藤原式家，與種繼之子仲成、藥子兄妹，都是平城天皇的親信。可是平城天皇卻在即位不久後便讓位給嵯峨天皇，仲成和藥子想重新擁立平城天皇，而成為上皇的平城也回到了奈良，也就是舊都平城京。810年嵯峨天皇任命**藤原北家**（始祖為藤原四兄弟的房前）的**冬嗣**為藏人頭（註：「藏人」為一種官職，藏人頭為藏人所的負責人。），冬嗣等人殺害仲成，逼迫藥子自殺。這場「平城太上天皇之變」讓藤原式家沒落，並讓獲得勝利的藤原北家（冬嗣）勢力崛起。

　　冬嗣的後繼者良房於842年以謀反之嫌，廢除恒貞親王的太子之位，並剷除其親信伴健岑和橘逸勢（**承和之變**）。良房廢除恒貞親王的皇太子之位，是為了擁立妹妹和仁明天皇所生之子為皇太子。新的皇太子即位後成為文德天皇，之後良房又讓親生女兒和文德天皇所生的皇子（之後的清和天皇）於9歲即位，掌握實權。866年於**應天門之變**剷除掉伴氏和紀氏等勢力強大的氏族。良房後繼者養子**基經**強行廢除外甥陽成天皇的皇位，擁立毫無外戚關係的光孝天皇，並委任全權，成為關白，以維持勢力。

　　基經死後，改由光孝天皇和光孝之子宇多天皇親政（「**寬平之治**」、「**延喜之治**」）。基經的後繼者**藤原時平**成功將政敵菅原道真貶至大宰府，但還是無法完全掌握實權，後來由醍醐天皇親政。

　　時平之弟忠平雖任朱雀天皇的攝關，但此時再度由非藤原氏外戚的村上天皇親政（「**天曆之治**」）。直到969年冷泉天皇時代，忠平將左大臣源高明（醍醐天皇之子）貶至大宰府（**安和之變**），掌握實權之後，確立了所謂的**攝關政治**。

奈良～平安時期藤原氏與天皇家的關係

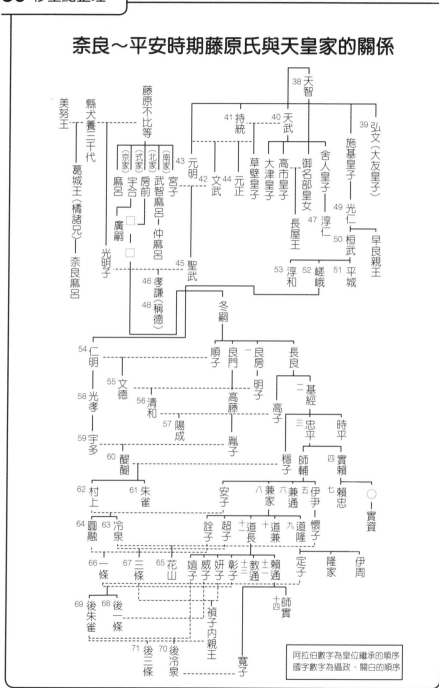

阿拉伯數字為皇位繼承的順序
國字數字為攝政、關白的順序

從攝關政治到院政制度

「攝關政治」是指藤原氏將女兒嫁給天皇，立生下的男孩為皇太子，待皇太子即位後，便可以**外祖父**（母方的祖父）**的身分掌握實權**的政治。

藤原道長將3個女兒嫁給天皇，讓3個孫子和1個曾孫成為天皇，掌握了絕對的實權，可是道長之子賴通卻沒有外孫。1068年，道長的孫子成為後冷泉天皇之後，再由非攝關家外戚的**後三條天皇**繼位。賴通引退，將地位讓給弟弟教通，後三條天皇開始親政。教通雖然是關白，但此時已經和道長及賴通的時代不同，無法代替天皇掌權了。

後三條天皇之子**白河天皇**也不在乎藤原氏的感受，親自執政，之後在1086年讓位給8歲的兒子堀河天皇而成為上皇。可是白河上皇退位後仍在院廳（為上皇所設的政廳）行政，堀河天皇之後讓位給年僅5歲的白河上皇之孫鳥羽天皇。待鳥羽天皇過20歲之後，則立鳥羽天皇的兒子，也就是白河上皇的曾孫，年僅5歲的崇德天皇，繼續掌握實權。

這就是由上皇（院）掌政的「**院政**」制度，政治的實權從天皇的母方（藤原攝關家）轉移至父方（上皇）。院無視國家律令，執行專制政治。但政務仍由天皇和太政官處理，因此以往負責輔佐天皇的攝關和藏人所形態並未消失。

白河院政之後，還有**鳥羽院政**、**後白河院政**、**後鳥羽院政**。而後，天皇乳母的近親「**院近臣**」也開始揮舞權勢，於是建於院北方的**武士組織**在此登場。

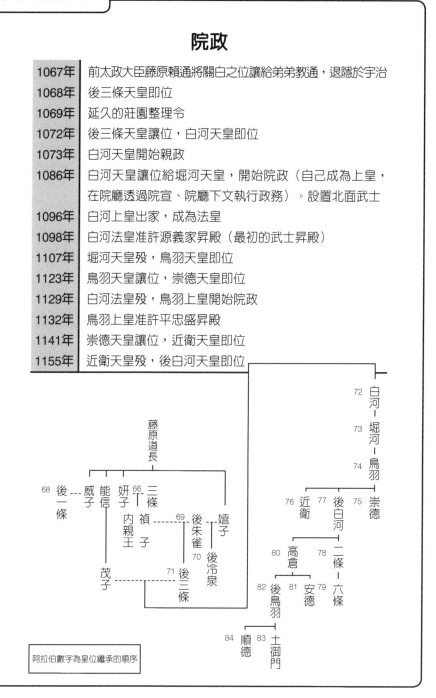

30 秒重點整理！

院政

1067年	前太政大臣藤原賴通將關白之位讓給弟弟教通，退隱於宇治
1068年	後三條天皇即位
1069年	延久的莊園整理令
1072年	後三條天皇讓位，白河天皇即位
1073年	白河天皇開始親政
1086年	白河天皇讓位給堀河天皇，開始院政（自己成為上皇，在院廳透過院宣、院廳下文執行政務）。設置北面武士
1096年	白河上皇出家，成為法皇
1098年	白河法皇准許源義家昇殿（最初的武士昇殿）
1107年	堀河天皇殁，鳥羽天皇即位
1123年	鳥羽天皇讓位，崇德天皇即位
1129年	白河法皇殁，鳥羽上皇開始院政
1132年	鳥羽上皇准許平忠盛昇殿
1141年	崇德天皇讓位，近衛天皇即位
1155年	近衛天皇殁，後白河天皇即位

阿拉伯數字為皇位繼承的順序

武士的崛起與平氏政權

　　鳥羽法皇死後，後白河天皇和崇德上皇開始爭奪權力，引發1156年的**保元之亂**。加上攝關家的內部鬥爭，以及源氏、平氏兩個武士團的內鬨，就以京城為舞台的戰爭而爆發。這場戰亂最後由後白河天皇、藤原忠通、平清盛、源義朝一方拿下勝利。

　　3年後，獲勝方內部又開始爭奪權力，引發**平治之亂**。武士**平清盛**和源義朝產生對立，義朝趁清盛不在京城時起兵，欲殺害平清盛的近臣，擁有實力的藤原通憲（信西入道），卻遭趕回京城的清盛討伐。得勢的清盛終於在1167年當上太政大臣，掌握實權，樹立**平氏政權**。

　　《平家物語》中提到當時朝廷中有公卿16人、殿上人30餘人、諸國受領（註：即地方長官）60人，皆為平氏之人，甚至出現「非平氏者非人也」之狂語，一族獨占高位高官。清盛將女兒德子嫁給高倉天皇，並讓生下的男孩即位（安德天皇），當上天皇的外祖父，仿效攝關家的外戚政策。

　　清盛的祖父正盛，當年受到白河上皇的寵信，之後歷經其父忠盛到清盛三代皆擔任「受領」，為平氏奠定了雄厚的經濟基礎。清盛還歷任安藝守和大宰大貳等職位，且透過**日宋貿易**確保利益，並增加了知行國（可獲得該國所有稅收）。

　　這段期間雖然後白河院政仍在持續，但平氏和南都北嶺（攝關家的氏寺奈良興福寺和比叡山延曆寺）等舊勢力相互對立，反平氏的動向越發激烈。1179年，清盛幽禁後白河法皇，停止院政（**治承三年政變**）。

　　次年1180年，以仁王（後白河法皇之子）揚起打倒平氏的口號，各地源氏一舉起兵，發動**治承、壽永之亂**。

平氏政權崛起之路

1097年	平正盛（清盛的祖父）捐贈伊賀國鞆田莊給六條院（白河皇女）而接近白河法皇，受任命為北面武士
1108年	平正盛討伐源義親（此說法存疑）
1129年	平忠盛（清盛之父）平定西國（山陽、南海道）海賊
1132年	平忠盛獲准昇殿，就任院廳別當
1133年	平忠盛開始日宋貿易
1135年	平忠盛、清盛平定西國海賊
1146年	平清盛就任安藝守
1152年	平清盛修復嚴島神社社殿
1155年	平清盛從宋朝大量進口銅錢
1156年	爆發保元之亂。平清盛就任播磨守，確保日宋貿易路徑的安全
1158年	爆發平治之亂
1159年	平清盛就任大宰大貳
1160年	平清盛擔任參議（第一個位列公卿的武士）
1164年	平清盛建立蓮華王院。將「平家納經」獻給嚴島神社
1165年	平清盛就任權大納言
1166年	平清盛就任內大臣
1167年	平清盛就任從一位大臣，建立平氏政權
1171年	平清盛將女兒德子嫁給高倉天皇（建禮門院）

土地稅制的轉換
與莊園的發達

本節讓我們來看看「莊園」、「知行國」等土地稅制的相關歷史。

743年頒布的**墾田永年私財法**，承認自耕地可永久私有。寺院神社和高級貴族依法可進行土地開發，發展爲初期莊園。

但進入9世紀後，初期莊園因勞動力不足而衰退，於是出現由天皇、官廳、公卿直營田地的方式。

10世紀戶籍制度崩壞後，稅制改依土地課徵，這時出現了具有徵稅義務的國司，也就是**受領**。國司是由京城派遣至各國的官僚，受領只要將規定的稅收納入中央財庫後，剩下的金額便可當成自己的收入自由使用。他們爲了在國司任期中獲取利潤，強行課徵重稅，引起當地人民反彈，當中也有遭太政官提出控告者。

但進入11世紀後，爲了逃離受領的徵稅，負責開墾土地的**開發領主**向有權勢的貴族和寺院神社捐贈莊園，藉此守住自己的土地。受到捐贈的**莊園領主**（領家、本家）藉此權威獲得「**不輸、不入之權**（註：免除稅租和禁止官吏進入莊園的權力）」，並可每年從當地的開發領主手中獲得年貢。

開發領主因獲贈「**莊官**」、「**莊司**」等地位，而確保當地的統治權。莊官等當地的統治者有「預所」、「地頭」等各式各樣的稱呼，他們身著武裝，之後還有人在東國成爲鎌倉幕府的御家人（註：與將軍直接保持主從關係的武士）。

土地稅制的變化和莊園公領制

646年 班田收授法（公地公民制）	・6歲以上男子授2段口分田，女子為男子的2/3 ・繳納約收穫量的3%「租」給國家 ・死亡時口分田還給國家

743年 墾田永年私財法	即將歸還官府的土地開墾意願薄弱，即使開墾也會馬上荒廢，因此准許永久私有墾田。只是墾田持有面積會依位階設限

土地	人口增加、荒田增加，導致口分田不足
人民	班田農民負擔過重，導致流亡、逃亡、偽造戶籍的人變多，課丁減少，導致財政不足

良田百萬町步開墾計畫 722年	→無成效

8~9世紀 初期莊園（莊園地系莊園）	・依附律令國家的國郡制 ・無莊民，耕作需動員附近的班田農民和浪人。2成稅租（東大寺持有的初期莊園約4800町，超過半數集中在北陸地方＝東大寺大規模開發北陸莊園）

723年 三世一身法	建造新堀溝渠等建造灌溉設施者，私有土地可傳3代（有「子、孫、曾孫」和「本人、子、孫」兩種說法），利用舊溝渠等灌溉設施重新修造者私有土地只有1代（本人），新制承認土地私有

延喜莊園整理令902年（最早的莊園整理令）	・禁止設置敕旨田 ・禁止院宮王臣家占有山川藪澤（有例外規定）→實行不徹底，反而造成公認莊園的需求增加

寄進（捐贈）地系莊園的成立 11世紀

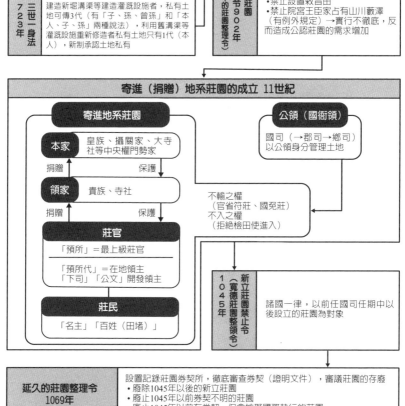

寄進地系莊園

本家：皇族、攝關家、大寺社等中央權門勢家
↑捐贈　↓保護

領家：貴族、寺社
↑捐贈　↓保護

莊官
「預所」＝最上級莊官
「預所代」＝在地領主
「下司」「公文」開發領主

莊民
「名主」「百姓（田堵）」

公領（國衙領）

國司（→郡司→鄉司）以公領身分管理土地

不輸之權（官省符莊、國免莊）
不入之權（拒絕檢田使進入）

1045年 新立莊園禁止令（寬德莊園整理令）	諸國一律，以前任國司任期中以後設立的莊園為對象

延久的莊園整理令 1069年	設置記錄莊園券契所，徹底審查券契（證明文件），審議莊園的存廢 ・廢除1045年以後的新立莊園 ・廢止1045年以前券契不明的莊園 ・廢止1045年以前有券契，但會妨礙國務執行的莊園

莊園公領制成立，所有土地的管理體系是莊園還是公領（國衙領）都有了明確的區分

第 2 部

10 hours ⊘

JPN history

清和源氏與桓武平氏

　　10世紀前半，課稅對象轉換成土地。這個時期發生了席捲東西日本廣大區域的大型叛亂 —— **承平、天慶之亂**。東方的平將門以下總爲根據地，占領常陸、下野、上野的國衙，並自稱「**新皇**」，公然與朝廷作對。西方的藤原純友則掌控瀬戶內海一帶，還火攻大宰府。

　　桓武天皇的曾孫**高望王**獲賜「平」姓，赴任東國，這就是「**桓武平氏**」的開端。高望在任期結束後並未回到都城，留居東國，整備武裝，一族的勢力在其子的世代擴展到常陸和下總。平氏一族除了和中央派遣的國司爭奪土地外，內部也經常發生糾紛，爲高望之孫 —— 將門之戰亂揭開序幕。

　　事情的起因源自**源經基**。經基爲清和天皇之孫，獲賜「源」姓，即「**清和源氏**」的始祖。經基赴任武藏介之際，因在武藏國內進行掠奪而和將門對立。他逃回京都，反向朝廷控訴將門「謀反」，這就是將門之亂的開端。最後平定將門之亂的，是和將門同爲桓武平氏的平貞盛，其子孫的勢力開始擴張。從將門、貞盛的叔父平良文所繁衍的良文流，之後被稱爲「**坂東八平氏**」，在東國榮極一時。另一方面，源經基因參與西海的藤原純友之亂平定戰役而威名遠播。其子滿仲則在攝津成功經營莊園，累積出接近攝關家的實力。

　　1028年，平良文之孫平忠常在關東引起叛亂，平定這場叛亂的是滿仲之子賴信。11世紀後半東北地方爆發戰亂，在**前九年合戰**和**後三年合戰**中，由於賴信之子源賴義和賴義之子**義家**的活躍，奠定了**源氏在東國的權威**。可是，**伊勢平氏**的勢力又在之後的白河院政時期崛起。義家的兒子義親在大宰府引發叛亂，討伐平義親之亂的正是**平清盛**的祖父平正盛。

源氏與平氏

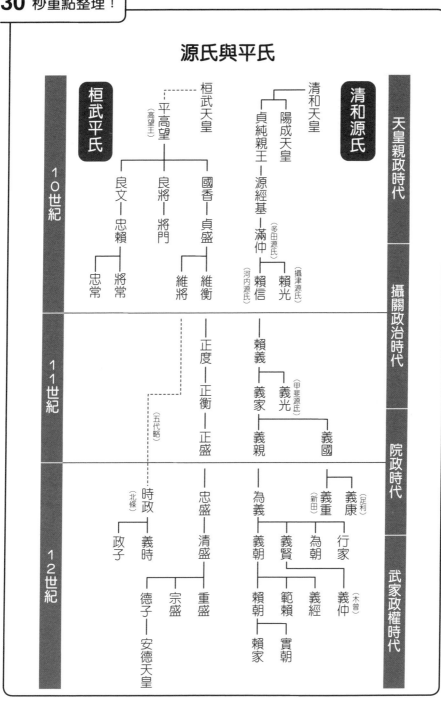

武家政權
「鎌倉幕府」的誕生

1180年，**源賴朝**奉以仁王之令舉兵伊豆，雖在石橋山之戰中敗北，但賴朝逃至房總後又重新整備軍勢，進入鎌倉。在富士川合戰中擊破京都派來討伐賴朝的平氏軍後，回到鎌倉設置**侍所**，並讓弟弟範賴和義經帶領御家人前往京都討伐平氏。

1183年，處於劣勢的平氏捨棄平安京往西奔逃，之後在木曾起兵的**源義仲**雖成功進入京都，但由於義仲部下行為粗暴、無法無天，於是**後白河法皇**便命令賴朝追討義仲，並賜予賴朝要求的東海道、東山道諸國國衙指揮命令權。

1184年，範賴、義經軍在近江粟津之戰中擊潰義仲軍，成功入京，並擊退打算再度入京的平氏軍。之後更乘勝追擊，在**壇之浦之戰**中一舉消滅平家。這段期間，賴朝並未離開鎌倉，他在鎌倉設置處理複雜政務的**公文所**，以及進行各式判決的**問注所**，整頓各種政府機構。

平家滅亡後，在後白河法皇的策略下，義經和賴朝產生對立，被孤立後義經逃離京都，而賴朝壓制京都。為了追捕反叛者（義經），賴朝讓後白河法皇在各國設置**守護**，以及在每個莊園公領設置**領主**。

之後賴朝消滅了**奧州藤原氏**，於1190年上京。後白河法皇讓賴朝擔任右近衛大將，但賴朝馬上就辭退了。他回到鎌倉設立政所，並於1192年被任命為**征夷大將軍**。

中國在戰國時代，將遠征夷狄之地的大將軍陣營稱為「**幕府**」，於是便稱賴朝的政權為「鎌倉幕府」。但這是現代的用語，當時是稱之為「關東」。

從源平合戰到鎌倉幕府成立

1177年（治承元）	策劃打倒平氏的鹿谷陰謀東窗事發
1179年（治承3）	平清盛幽禁後白河法皇
1180（治承4）	安德天皇即位，以仁王起兵 遷都至福原（同年遷回京都） 源賴朝起兵 源義仲起兵 源賴朝進入鎌倉 源氏在富士川之戰中獲得勝利，奠定源氏在東國的統治權 源賴朝設置侍所 平氏燒毀南都的東大寺大佛和興福寺等
1181年（養和元）	後白河再開院政 平清盛歿
1183年（壽永2）	源義仲在俱利伽羅峠之戰中獲得勝利 平氏逃離京都，源義仲入京
1184年（元曆元）	源範賴、義經入京，源義仲戰敗身亡 源氏在一之谷之戰中獲得勝利 源賴朝設置公文所、問注所
1185年（文治元）	源氏在屋島之戰中獲得勝利 源氏在壇之浦之戰中獲得勝利，平氏滅亡 源賴朝設置守護、地頭
1189年（文治5）	源義經戰敗身亡 鎌倉陣營平定奧州
1190年（建久元）	源賴朝上洛（進入京都），就任權大納言、右近衛大將
1191年（建久2）	源賴朝設置政所
1192年（建久3）	源賴朝就任征夷大將軍
1198年（建久9）	後鳥羽院政開始
1199年（正治元）	源賴朝歿

▶ 03
執權政治、合議制的確立

1199年源賴朝離世，兒子賴家成爲第二代將軍。然而賴家之母**北條政子**和外祖父北條時政卻不讓賴家親政，改由13名有權勢的**御家人**（註：將軍直屬武士）**以合議制**管理政務。

1205年政子和弟弟北條義時讓親生父親時政失勢，由義時繼承時政當時擔任的政所別當（長官），掌握政權。義時又在1213年挑釁擔任侍所別當的和田義盛，經過一番激戰後，成功消滅義盛，連侍所別當的職位也掌握在手。當時同時兼任政所、侍所兩長官的地位者稱爲「**執權**」，之後由北條氏掌權的政權就稱爲**執權政治**。

1219年，第三代將軍實朝（賴家之弟）遭賴家之子公曉暗殺，源氏將軍系統就此斷絕。此時京都的後鳥羽上皇強化朝廷軍備，並於1221年發出討伐北條義時的院宣，是爲**承久之亂**。但幕府團結一致，義時之子泰時和義時之弟時房率領19萬大軍攻入京都，大獲全勝。後鳥羽上皇、土御門上皇、順德上皇分別被流放到隱岐、土佐和佐渡，正式**奠定武家政權大於公家政權**的地位。

叛亂結束後，泰時和時房留在京都，擔任**六波羅探題**，負責監視朝廷以及管轄幕府向西大幅擴展的勢力。效忠上皇的公家和武士在西日本有3000餘處的土地遭沒收，這些土地重新分發給御家人當作新恩給與（註：賜予立下戰功武士的新土地），也就是所謂的**新補地頭**（註：幕府沒收朝廷土地的新地頭，可依照鎌倉幕定的新補率法來決定其所得）。

幾乎把所有據點都設於東國的御家人，此時也獲得了西國的地頭職位。之後義時將執權的地位讓給泰時，自己擔任**連署**之職，完善輔佐體制；又於1225年設置**評定眾**，可在執權、連署之合議下，決定幕府的最高政策以及官司的判決，合議政治制度就此確立。

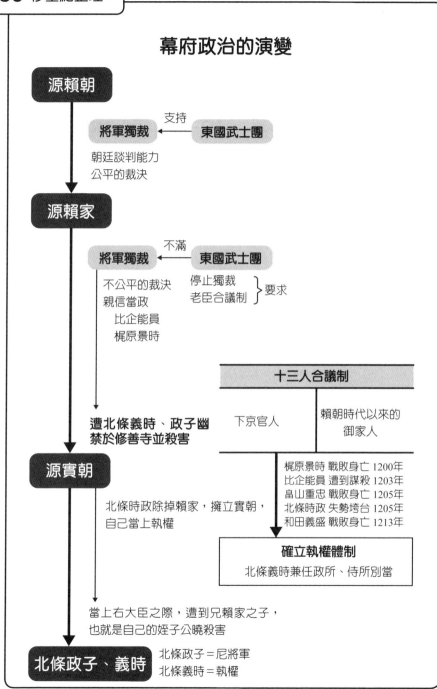

幕府政治的演變

源賴朝

將軍獨裁 ← 支持 **東國武士團**

朝廷談判能力
公平的裁決

源賴家

將軍獨裁 ← 不滿 **東國武士團**

不公平的裁決
親信當政
　比企能員
　梶原景時

停止獨裁
老臣合議制 } 要求

十三人合議制

下京官人 ｜ 賴朝時代以來的
御家人

**遭北條義時、政子幽
禁於修善寺並殺害**

梶原景時 戰敗身亡 1200年
比企能員 遭到謀殺 1203年
畠山重忠 戰敗身亡 1205年
北條時政 失勢垮台 1205年
和田義盛 戰敗身亡 1213年

源實朝

北條時政除掉賴家，擁立實朝，
自己當上執權

確立執權體制
北條義時兼任政所、侍所別當

當上右大臣之際，遭到兄賴家之子，
也就是自己的姪子公曉殺害

北條政子、義時　北條政子＝尼將軍
北條義時＝執權

武家法「御成敗式目」的誕生

　　第3代執政**北條泰時**制定的**御成敗式目**51條，是代表**武家法**的法典。這由以往的律令法（**公家法**）、處理莊園內部糾紛的**本所法**與武家法合併而成。讓我們來稍微看一下它的內容：第8條「年紀法」，規定即使是自己的土地，只要喪失20年以上的管理權，就算提告也無法取回。第18條是父母的「悔返權」，規定即便是已經讓兒子繼承之土地，也就是曾贈予的土地，父母都可有權再行索回；此外還有准許女性御家人可領養養子，讓養子繼承土地的規定。

　　這些都是公家法中不允許的。那為什麼武家法准許了呢？因為武家法是以「**道理和先例**」為基礎的法律。重點是，這些**道理**都被認為是源自武士社會中的習慣和常識。此外，源賴朝時期的案例和判例，也被視為「先例」作為法律標準。當時由於承久之亂後新補地頭激增，以及莊園職務相關的訴訟和審判（**所務沙汰**）變多，在此背景下也同時設置了**引付（眾）**，專門作為審判所務沙汰的機構。

　　承久之亂後，御家人的新補地頭每11町田就可獲得1町免田，每1反米就可課徵5升，而地頭有義務這些報酬以外的年貢，繳納給京城的領家。然而卻經常發生拖延、未繳、私吞年貢的情形。因為需要花很多時間進行審判，因此幕府也常建議和解（**和與**），讓莊園領主將當地的管理權交給地頭，而地頭則需承包一定額度的年貢，來避免土地紛爭，這就是「**地頭請所**」。另外還有將領家和地頭的莊園作區分，也就是以互不干涉的「**下地中分**」作為解決方案。

三種法律

御成敗式目

以武士社會的習慣、常識和先例、判決為基準

武士制定的法律
＝武家法

律令法

實施從中國導入的律令

公家規定的法律
＝公家法

本所法

用來處理莊園內部糾紛的法律

在鎌倉時代，變成是武家法（御成敗式目）、公家法（律令）、本所法三種法律並存。

元寇：元與高麗軍來襲

13世紀初期，出現在蒙古草原的英雄成吉思汗，侵略了中國北部的金國，勢力急速成長。1227年成吉思汗死後，其軍隊氣勢仍未衰退，於1234年滅掉金朝，並向歐洲舉兵，征服了大半的俄羅斯。1258年還攻陷巴格達，進軍伊斯蘭世界。

成吉思汗的孫子忽必烈將國號改為「元」，征服高麗，並要求日本朝貢。當時的執權**北條時宗**拒絕元的要求，於是便在1274年爆發文永之役，即所謂的**元寇**（註：元日戰爭）。

2萬5000人的元軍與高麗軍經對馬、壹岐，在博多灣登陸。上岸的元軍使用以短弓快速射箭的**集團戰法**，採用騎馬戰術突擊的鎌倉武士沒有勝算，一路被攻至大宰府附近。不過元軍似乎認為夜晚待在陸地上很危險，因此回到了停在博多灣的船上。然而隔天一早，元與高麗的200餘艘船隻全部沉沒，存活的士兵也全員撤退。

元軍撤退後，幕府總動員九州的御家人，在博多灣建造東西長達20公里的**石築地**，並強化輪番戒備的制度，即**異國警固番役**。

1281年，元寇二度來襲。元朝在前2年滅掉統治中國南部的南宋後，再度進攻日本。可是這次遇到颱風侵襲九州，元軍失去大部分的船隻，只好撤退，是為**弘安之役**。為預防元軍三度來襲，之後也繼續保留異國警固番役，並設置**鎮西探題**等，鞏固防衛機制。

元寇之後發生了重大問題，因為參與戰事的御家人並沒有獲得恩賞的土地。過去常見的方法，就是沒收敵人的土地，作為新恩賞賜的土地。

蒙古帝國與元寇

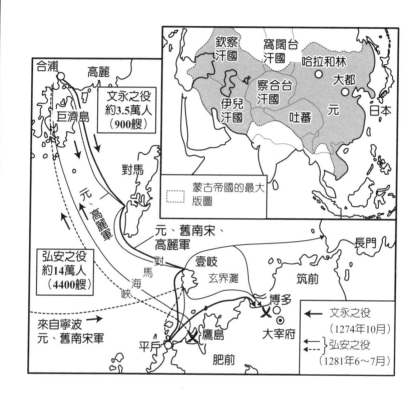

疆域版圖橫跨歐亞大陸的蒙古帝國，分為元國、窩闊台汗國、察合台汗國、伊兒汗國、欽察汗國。當中攻打日本的是元國。

▶ **01**

得宗專制
與窮困的御家人

元寇之後，日本從幕府政治轉變成**得宗專制政治**，「**得宗**」是指北條氏的嫡系當家。面對元的威脅緊急狀況尚未解除之下，過去鎌倉政府尊重道理和先例的合議制，也在此時變成可在緊急狀況下隨時發動強權的體制。

執權的地位一落千丈，於是逐漸變成由北條氏嫡系當家（得宗）主導幕政。另一方面，原本支持幕府的**御家人**當中也開始出現不滿的聲浪，為了壓制這些聲音，得宗不得不採取強硬態度。

得宗的家臣特別稱為「**御內人**」，得宗權力越大，御內人的職權就越加重要。當權力都集中在御內人的領導「**內管領**」身上時，御內人和御家人的對立就越發激烈。

在這種狀況之下，1285年發生了內管領平賴綱攻討得宗家外戚安達泰盛的**霜月騷動事件**，揮舞外戚權力的御家人之首安達氏就此滅亡。他們等於是被同為有權勢的御家人北條氏的家臣所擊潰。

這起事件便是確立得宗專制體制的契機，之後北條一門占了全國守護一半以上，也占有大多數的領地。但構成幕府的御家人，卻因**分割繼承**的領土細分化和對抗元寇的**賞賜不足**，逐漸陷入窮困化。

因此御家人開始對幕府和北條氏感到不信任。

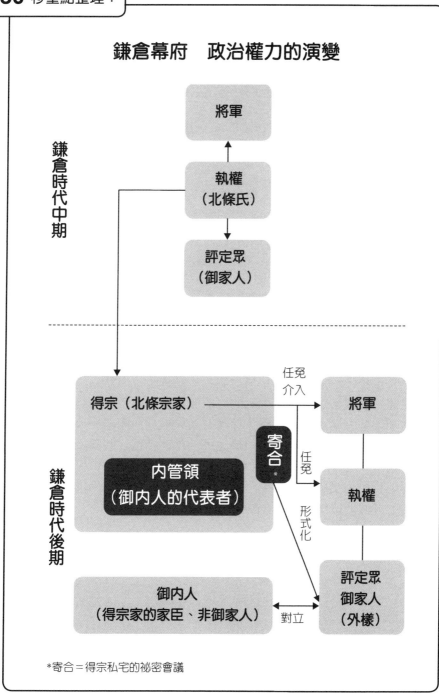

鎌倉幕府　政治權力的演變

鎌倉時代中期

將軍

執權
（北條氏）

評定眾
（御家人）

鎌倉時代後期

得宗（北條宗家）

内管領
（御内人的代表者）

寄合
*

御内人
（得宗家的家臣、非御家人）

將軍

執權

評定眾
御家人
（外樣）

任免
介入

任免

形式化

對立

*寄合＝得宗私宅的祕密會議

▶ 02
貨幣經濟發展
和永仁德政令

　平清盛所積極推動的日宋貿易，到了鎌倉時代仍在持續，因此銅錢（宋錢）大量流入，讓**貨幣經濟**得一口氣發展。隨著貨幣經濟的滲透，**金融業者**也開始崛起。

　御家人需被課收軍備負擔，但他們卻企圖逃避。然而幕府必須強化國防，因此得宗便想更進一步地統管御家人。御家人當中還陸續出現拿祖先傳下來的土地來抵押貸款，最後卻無法清償導致土地遭奪的人。

　這時開始出現救濟御家人的政策，例如1292年的**永仁德政令**。法令規定禁止御家人買賣或典當領地，已經賣出或典當的土地則可無償歸還，這是武家政權才會有的魯莽緊急措施。可是世上沒有明知會被賴帳還願意借錢的金融業者，因此這條德政令反而斷絕了御家人的金錢周轉之策。這條禁止買賣的政令，結果又是讓困於貧窮的御家人越來越多而已。

　當然貨幣經濟也造就出某些勢力崛起。鎌倉時代中期以降，農業等**各項產業開始發展**，以畿內為中心的經濟發達地區因栽種商品作物，**自立農民**增加，鄰近地區的人民為了保護財產和權利而團結一致。莊園名主和非御家人的新興武士崛起，他們也因地緣而結盟，共同抵抗莊園領主和幕府秩序。這些人都被稱為「**惡黨**」。

　惡黨的行動備受矚目，甚至還有天皇打算利用他們作為推翻幕府的軍事力量，這就是1318年即位的**後醍醐天皇**。

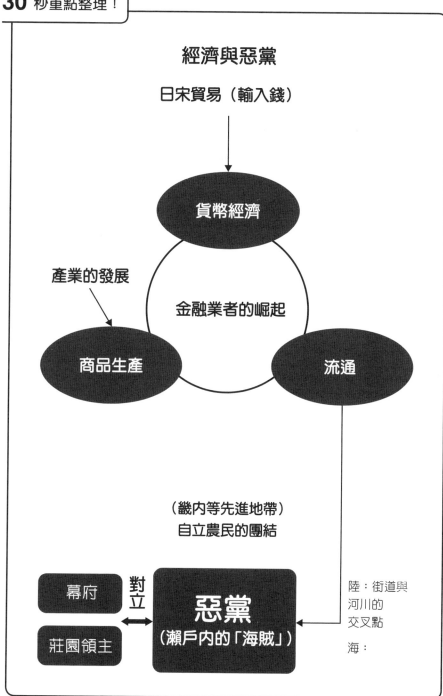

經濟與惡黨

日宋貿易（輸入錢）

貨幣經濟

產業的發展

金融業者的崛起

商品生產　　流通

（畿內等先進地帶）
自立農民的團結

幕府　**對立**　**惡黨**（瀨戶內的「海賊」）

莊園領主

陸：街道與
河川的
交叉點

海：

後醍醐天皇的倒幕計畫和建武新政

　　承久之亂後，後嵯峨天皇之子後深草天皇和龜山天皇兩兄弟相繼即位，兩人的後代分裂成**持明院統**（後深草系）和**大覺寺統**（龜山系），兩個皇族系統爲了爭奪皇位和莊園的繼承權而產生對立，於是出現鎌倉幕府介入的「**兩統迭立**」狀態。

　　後醍醐天皇是大覺寺統的天皇，以天皇親政爲目標。他爲了討伐幕府的第一個倒幕計畫**正中之變**，因東窗事發而失敗而終。之後又在1331年成功舉兵，是爲**元弘之變**，但最後也是失敗收場，後醍醐天皇遭流放至隱岐。二年後的1333年，因後醍醐天皇之子護良親王和**楠木正成**等惡黨的起義，後醍醐天皇得以逃出隱岐，前往京都。

　　幕府軍的指揮官是有權勢的御家人**足利高氏（之後的尊氏）**，他原本應該要前往京都平定叛亂，但由於他的目標是重建源氏幕府，於是反過來攻陷鎌倉幕府的政務機關六波羅探題。同一時間，**新田義貞**也成功控制了鎌倉，得宗**北條高時**自殺身亡。鎌倉幕府滅亡後，京都開始由後醍醐天皇親政，稱爲「**建武新政**」。可是後醍醐天皇的親政，只不過是個不符合時代需求的獨裁專制。京都百姓所畫的「二條河原塗鴉」中描繪出後醍醐天皇的弊政，後醍醐天皇破壞各種傳統，放言「朕之新儀即爲未來之先例」，施行專制獨裁政治。此外，建武政權的最高機關雖然是**記錄所**，但也因後醍醐天皇的專制，輕易地推翻記錄所的決定。

　　武士對後醍醐天皇的公家主導政治相當不滿，對建武新政感到失望透頂。於是足利尊氏高舉反旗，直搗京都，1336年逼迫後醍醐天皇退位，建武新政才短短2年半便已瓦解。

持明院統和大覺寺統

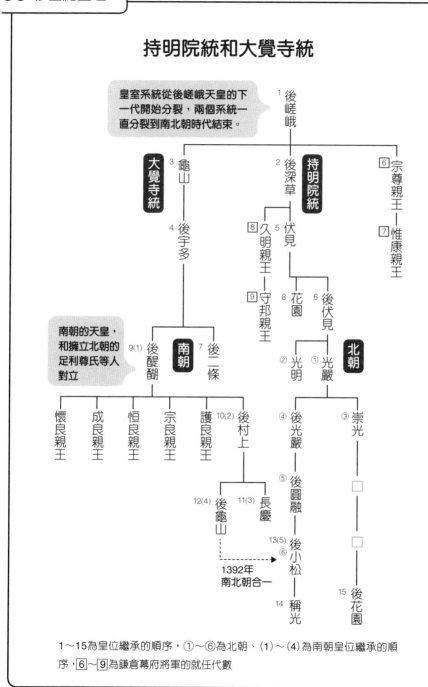

皇室系統從後嵯峨天皇的下一代開始分裂，兩個系統一直分裂到南北朝時代結束。

南朝的天皇，和擁立北朝的足利尊氏等人對立

1392年
南北朝合一

1～15為皇位繼承的順序，①～⑥為北朝、(1)～(4)為南朝皇位繼承的順序，⑥～⑨為鎌倉幕府將軍的就任代數

▶ 04

源氏重新掌握政權的
室町幕府

　　足利氏是源氏名門，源賴朝的高祖父源義家，其子義國以下野國足利莊作爲根據地，於是義國的次男義康便自稱足利。另一方面，義國的長男義重在上野國新田莊擔任莊官，開啓了新田氏的開端，因此足利氏和新田氏都是源自於同個源氏祖宗。當中足利氏和北條氏還維持了姻戚關係，成爲有權勢的御家人，在鎌倉幕府位居重要地位。

　　可是**足利尊氏**卻背叛北條，討伐六波羅探題，打倒幕府而參與建武新政。不久便以反後醍醐天皇的立場起兵，平定京都。1336年，改擁立持明院統的光明天皇取代後醍醐天皇。並制定**建武式目**17條作爲基本方針，爲開創室町幕府揭開序幕。

　　輔佐足利尊氏的執事是**高師直**。相對於高師直，尊氏的弟弟**直義**則在政務方面協助哥哥。幕府初期是尊氏、直義兩兄弟的雙頭體制。

　　可是，高師直和足利直義在**觀應擾亂**的內亂中身亡後，幕府政治的中心改由「**管領**」，以及「**侍所**」的長官**所司**來主導。管領是從足利門下的細川、斯波、畠山3家中選出，侍所的所司是兼任山城國守護的重要職位，從足利家的4家重臣（赤松、一色、山名、京極）中選任。幕政的中心變成是由這7家「三管領四職」主導。

　　這時在吉野，還有後醍醐天皇極力主張皇位的正統性，因此幕府中樞無法離開京都。此外，爲了統治東日本（關八州和伊豆、甲斐），便設置了**鎌倉府**。不料鎌倉府之後卻成爲室町幕府的燙手山芋。

足利・新田氏簡略譜系圖

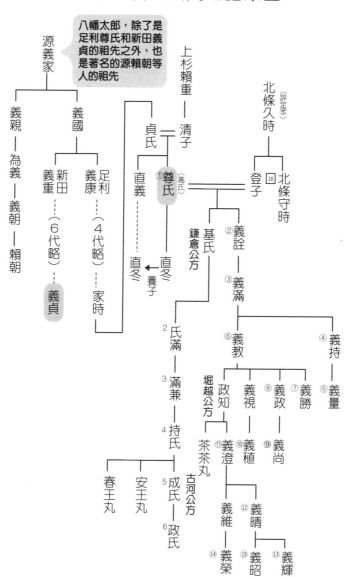

八幡太郎，除了是足利尊氏和新田義貞的祖先之外，也是著名的源賴朝等人的祖先

①～⑮為室町幕府將軍的就任順序，1～6為鎌倉公方的就任順序，16為鎌倉幕府執權的就任順序

室町幕府的財政
與經濟發展

　　室町幕府將軍的經濟基礎，來自散布於全國各地的御料所（註：幕府的直轄領地），但由此獲得的收入並不多。不過因爲將軍握有京都的施政權，從繁榮的京都城市中收取的稅收還是很可觀，室町幕府還會向金融業者課稅。再者，第3代將軍**足利義滿**以降，代表京都五山的禪宗寺院也捐獻了龐大資金。此外，道路通行費（**關錢**）和港口使用費（**津料**），也都進入幕府的口袋之中。這些都是因爲商品經濟發達才會有的財源。

　　日宋貿易以來，宋錢成爲日本的主要進口品，足利義滿和中國明朝建立國交後，也輸入了大量的明錢。

　　鎌倉時代中期開始發展「**二毛作**」，也就是在田地收割稻穀後，改栽培小麥。室町時代部分地區甚至還出現了三毛作，並推動了早稻、中稻、晚稻的品種改良。肥料方面，鎌倉時代使用的是刈敷（註：將割下的雜草鋪在田裡，任其腐爛）和草木灰，這時期還出現了有機肥料「**下肥**」（註：排泄物），也發展出使用牛馬的耕作技術。

　　商品作物也越來越多元，包括製紙用的楮樹皮與靛青作染料製作藍染，還有可榨照明燈油的原料荏胡麻，室町時代還出現了桑、漆、茶等作物。

　　商業流通方面，鎌倉時代的都市每月會舉辦三次的「**三齋市**」，固定在每個月的1日、11日、21日舉行；到了室町時代則出現了「**六齋市**」。同業組織「座」則以京都南郊的**大山崎油座**最爲著名，他們捐油給石清水八幡宮，並因八幡宮的權威，所以能從室町將軍那裡獲得油加工與販賣的獨占權。

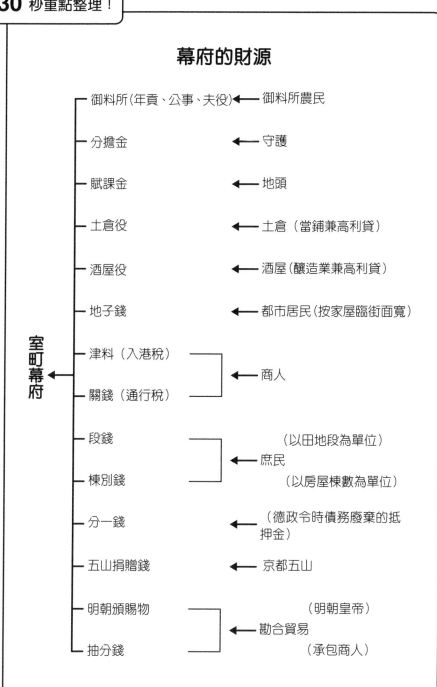

幕府的財源

御料所(年貢、公事、夫役) ← 御料所農民

分擔金 ← 守護

賦課金 ← 地頭

土倉役 ← 土倉（當鋪兼高利貸）

酒屋役 ← 酒屋（釀造業兼高利貸）

地子錢 ← 都市居民（按家屋臨街面寬）

室町幕府 ←

津料（入港稅）
關錢（通行稅） ← 商人

段錢 （以田地段為單位）
棟別錢 ← 庶民 （以房屋棟數為單位）

分一錢 ← （德政令時債務廢棄的抵押金）

五山捐贈錢 ← 京都五山

明朝頒賜物 （明朝皇帝）
抽分錢 ← 勘合貿易 （承包商人）

▶ 01
南北朝的對立
和守護大名的登場

　　1336年，足利尊氏掌控京都後，被迫退位的後醍醐天皇帶著象徵皇位的「**三種神器**」離開京都，逃到大和國的吉野。於是尊氏所擁立光明天皇的朝廷（北朝），和吉野後醍醐天皇的朝廷（南朝）並立，開啓了**南北朝時代**。

　　後醍醐天皇於1339年辭世，楠木正成、新田義貞等名震天下的南朝武將也已離世，雖確立了室町幕府（北朝）的優勢，但幕府內部卻發生了紛爭，也就是足利家執事高師直，與原本支持尊氏的弟弟足利直義之間的內鬥，即所謂的**觀應擾亂**。

　　南北朝是有兩名天皇並存的時代，因此通常對手是屬於北朝的話，自己就會成爲南朝的人，將對手視爲「叛賊」來加以討伐。當時的國家結構，經常是由分裂與抗爭所組成。可是觀應擾亂的情況是，直義與之後與其形成敵對的尊氏，雙方都曾經屬於南朝而出兵討伐對手。因此在理論上，雖然有過南北朝並存的時代，但這只是暫時性的情況。

　　觀應擾亂三強爭霸的結果，最後仍是由尊氏陣營獲得勝利，尊氏提出**半濟令**來保障尊氏武士的權利。最早推出是在1352年，法令內容爲近江、美濃、尾張3國的**守護**可以1年爲限，徵收該國**本所領**（非武士統治的莊園）年貢的一半當作軍事費。原本1年的期限後來又每年延長，實施國從當初的3國擴大至全國各地，課稅對象也從「年貢的一半」變成「土地的一半」，守護的權限越來越強大。

　　守護因勢力越來越大，加上土地統治力的強化，最後有了「**守護大名**」的稱號。而室町幕府則逐漸演變爲由有權勢的守護來支持將軍，形成**守護聯合政權**的政治結構。

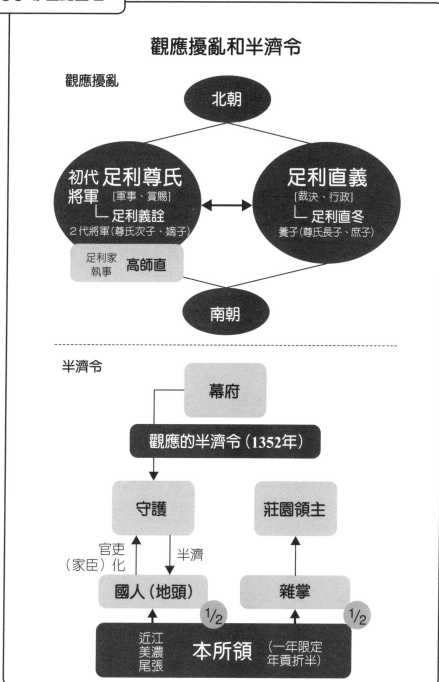

觀應擾亂和半濟令

觀應擾亂

北朝

初代將軍 **足利尊氏** [軍事、賞賜]
└ 足利義詮
2代將軍（尊氏次子、嫡子）

足利家執事 **高師直**

足利直義 [裁決、行政]
└ 足利直冬
養子（尊氏長子、庶子）

南朝

半濟令

幕府
↓
觀應的半濟令（1352年）

守護 　　　　　莊園領主

官吏（家臣）化 ↑　↓ 半濟　　　↑

國人（地頭）　　　　雜掌

1/2　　　　　　　1/2

本所領 近江 美濃 尾張 （一年限定 年貢折半）

足利義滿和幕府的巔峰時期

　　1368年，尊氏的孫子**足利義滿**就任第3代將軍。政治能力卓越的義滿逐漸鞏固將軍實權，並在1378年於京都室町建造被稱爲**花之御所**的將軍豪宅，「**室町幕府**」正是以此地命名。另外還在京都北山建造山莊，也就是之後的**鹿苑寺**（金閣寺）。

　　義滿爲了將幕府的守護聯合政權結構改爲**以將軍爲中心的體制**，開始剷除勢力強大的守護。1391年的**明德之亂**，可說是最大規模鎮壓守護的事件。當時66國之中，山名氏一族擔任了山陰道8國及山城、紀伊、和泉共計11國的守護，稱爲「六分一眾」。於是義滿利用山名氏的內亂，以反叛軍名義討伐山名氏清，讓山名氏的守護職位弱化到只剩山陰3國。

　　之所以會有這一連串**鎮壓強權守護大名**的舉動，是因爲鎌倉時代武家分割繼承的習慣，造成御家人的凋敝，於是之後便改由單一繼承人來**繼承家督**。在單一繼承制當中，能否成爲繼承人差別甚大，家臣團對於繼承的發言權力也與日俱增，使得一分爲二的家不得不產生強烈的對立。這時義滿便趁機介入這些守護家的內鬥，予以打壓。

　　明德之亂次年，幕府將軍權威扶搖直上，勢力復振無望的南朝終於屈服。南朝的後龜山天皇在義滿的勸說下，離開吉野回到京都，並將三種神器交給北朝的後小松天皇，對立持續58年終於**南北朝合一**。二年後，義滿把將軍職位讓給兒子義持，自任**太政大臣**，繼續掌握實權。

　　1401年，義滿成功與明朝建立國交，1404年起開始進行**勘合貿易**，爲幕府帶來龐大的利潤。

繼承和守護的變化

分割繼承

- 庶子和女子也能繼承
- 所領細分化

↓

- 庶子為一期分（限定單代擁有知行權）
- 女子從一期分變成沒有繼承權

↓

單獨繼承
（繼承家督）

只有嫡子（惣領）能繼承
→庶子成為嫡子的官吏（家臣）
　獨立、成為「惡黨」（血緣→地緣）
→一家分裂之爭

	鎌倉時代	室町時代
成為守護的人	有權勢的御家人 （鎌倉後期增加北條氏一族）	足利一族 有權勢的武將
職務・權限	三大要事 • **督**促朝廷當值 • 謀反人的調查 • 殺害人的調查	因南北朝動亂，權限擴大 • 裁決土地糾紛等

▶ 03
抽籤將軍與鎌倉府的分裂

　4代將軍**足利義持**幾乎完全否定父親義滿的政策，當中最明顯的就是**中斷勘合貿易**。其結果就是**倭寇**出現，開始在東海沿岸爲非作歹，導致朝鮮軍爲了掃蕩倭寇而發生進攻對馬的事件（**應永外寇**）。幕政方面則是維持義滿以來的穩定狀態，被視爲室町幕府的全盛時期。

　6代將軍**足利義教**原本是名僧人，後來因爲抽籤被選爲將軍繼承人而還俗。義教爲了提升將軍權威，必要時則採用打壓守護大名的政策。

　鎌倉府是幕府爲了管制獨立性格強烈的關東所設置的駐外機關，由足利尊氏的四男基氏一族擔任歷任公方（長官）。1439年，義教鎮壓消滅了反叛將軍的**鎌倉公方足利持氏**，屬行強權政治的義教引起了播磨守護赤松滿祐的危機感，便於1441年設宴邀請義教來京都自宅，將之殺害。京都一帶趁著這場混亂發動**一揆**，要求**德政令**，使幕府的權威跌落谷底。義教年僅8歲的兒子義勝雖被擁立繼任將軍，但僅就擔任2年便夭折，最後由義勝的弟弟**義政**於8歲時就任將軍一職。接連不斷的年少將軍，讓義滿所強化的將軍權力逐漸衰退。

　1449年，持氏之子成氏在關東復出，重任鎌倉公方，再度與幕府對立；後來在幕府軍的攻擊下，將據點轉移至下總古河。幕府則派足利政知（義政之弟）前往擔任鎌倉公方，但政知沒有前往鎌倉，而是停留在伊豆堀越，於是出現「**古河公方**」和「**堀越公方**」對立的情形。此背景源自鎌倉公方和**關東管領**上杉氏的對立。之後上杉氏也產生分裂，關東出現越來越多雙方對立的複雜局勢。

室町幕府的機構

將軍

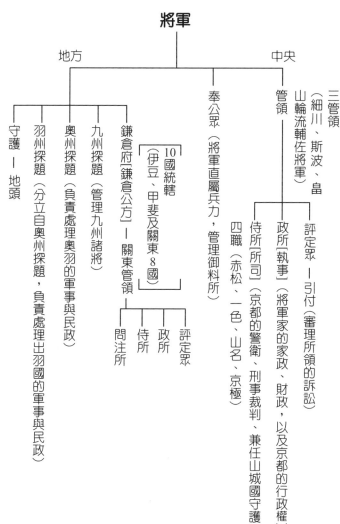

地方

守護 — 地頭

羽州探題（分立自奧州探題，負責處理出羽國的軍事與民政）

奧州探題（負責處理奧羽的軍事與民政）

九州探題（管理九州諸將）

鎌倉府[鎌倉公方] — 關東管領
（10國統轄 伊豆、甲斐及關東8國）

問注所
侍所
政所
評定眾

中央

奉公眾（將軍直屬兵力，管理御料所）

管領
三管領（細川、斯波、畠山輪流輔佐將軍）

評定眾 — 引付（審理所領的訴訟）

政所[執事]（將軍家的家政、財政，以及京都的行政權）

侍所[所司]（京都的警衛、刑事裁判、兼任山城國守護）

四職（赤松、一色、山名、京極）

將軍底下設有管轄中央的管領，和管轄地方的探題，並特別在關東設置鎌倉府，由足利一族擔任公方（長官）。

▶ 04
應仁之亂和以下剋上的世界

　　出現混亂與衰退徵兆的室町幕府，在第8代將軍義政的時期，發生了足以讓日本史產生「之前」和「之後」重大分期的大規模騷亂，此即**應仁之亂**（應仁、文明的大亂）。

　　由於義政長期未能得子，於是以其弟義視爲養子，打算把將軍之位傳給義視。後來義政之妻**日野富子**生下了男孩義尚。對富子而言，若是義視當上將軍，義尚未必能夠成爲再下一任的將軍。優柔寡斷的義政遲遲無法決定下任將軍，於是富子便去投靠幕府中的有力人士。義尚（富子）投靠的是**山名持豐**（宗全），而義視則是投靠**細川勝元**。再加上「三管領」中的畠山氏和斯波氏，也在爭奪家督繼承人之位。於是1467年，以細川勝元爲中心的東軍和山名持豐的西軍，終於爆發武力衝突。

　　當時各地有權勢的守護大名，也爲了各自的利害和人際關係，分別加入東西兩方，紛紛率兵前往京都作戰。各國率兵前往京都，鄰國軍隊就會趁機進攻兵力較少的本國，這樣的攻防戰蔓延至全國。東軍有24國16萬人，西軍有20國11萬人參與，形成長期戰爭，京都一片戰火燎原。長達10年的戰爭，使幕府和有權勢的守護都逐漸疲乏與弱化。

　　京都的戰爭結束後，戰火還在全國各地延燒。統治領國的「守護代」驅逐了原則上常駐於京都的守護，在地的地侍、土豪等「國人」則驅逐了守護與守護代，完全以自身實力來治理本國。**以下剋上的時代**就此到來，中世之前的傳統和權威應聲瓦解。

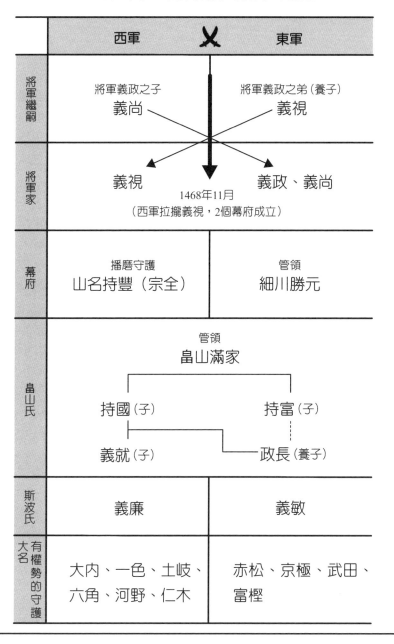

因各種對立而爆發的應仁之亂

	西軍 ⚔	東軍
將軍繼嗣	將軍義政之子 義尚	將軍義政之弟（養子） 義視
將軍家	義視	義政、義尚
	1468年11月 （西軍拉攏義視，2個幕府成立）	
幕府	播磨守護 山名持豐（宗全）	管領 細川勝元
畠山氏	管領 畠山滿家 持國（子） 義就（子）	持富（子） 政長（養子）
斯波氏	義廉	義敏
大名 有權勢的守護	大內、一色、土岐、 六角、河野、仁木	赤松、京極、武田、 富樫

地緣性結合
與一揆的世紀

15世紀是「一揆的世紀」。自鎌倉時代以來，武士以惣領（註：嫡子）為中心團結家族的形態在這個時期瓦解，開始進入**地緣比血緣重要**的時代。由於貨幣經濟的發展，近畿等先進地區出現了小規模耕地的農業經營，農民得以自立自足，於是他們便開始形成地區性的連結，這種農民的地緣性結合稱為「**惣**」。他們為了惣這個目的而團結，並為了達成目的所採取的共同行動，這就是「**土一揆（德政一揆）**」。

1428年的**正長的德政一揆**，是京都近郊的當地居民加入近江坂本的馬借（註：以馬匹搬運貨物的運輸業者，另有以推車搬運貨物的「車借」）一揆，作為攻擊高利貸，向幕府要求德政而爆發的事件。雖然訴求並未通過，但一揆陣營以武力燒毀契約，並奪回典當物品。次年發生在播磨的土一揆，並非要求德政令，而是要求武士離開播磨國。而從京都前往平定此一揆的，正是暗殺足利義教的赤松滿祐。

1441年發生的是**嘉吉的德政一揆**，這時幕府終於頒發山城「一國平均」的**德政令**。「平均」的對象不只是農民，還包括了武士和貴族。1485年發生的**山城國一揆**，起因是由於應仁之亂爭端當中的畠山氏繼承權問題。畠山氏在應仁之亂結束後，仍以山城為舞台繼續引發戰爭，因此當地居民和被稱為「**國人**」的土豪利害一致，成功的將畠山軍趕出南山城。隨後由當地居民和國人合議維持政治運作，這場自治維持了8年之久。

在1488年的**加賀的一向一揆**中，一向宗門徒逼迫加賀國守護富樫政親自殺。之後約一個世紀，加賀一國不受幕府和守護統治，成為一向宗管理的自治之國。

室町時代主要的一揆

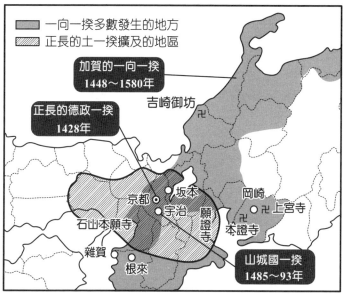

	中心勢力	要　求
土一揆	因地緣結盟的農民 （武士、馬借、車借也參與）	經濟方面的要求 （德政令等）
國人一揆	因地緣而結盟的國人	政治方面的要求 （抵抗守護大名等）
一向一揆	因淨土真宗（一向宗）的信仰而結盟的僧侶、農民、武士	經濟方面的要求 政治方面的要求

第3部

10 hours ⊘

JPN history

近世

實力治國：
戰國大名的誕生

　　應仁之亂以降，守護的領國統治地位開始搖搖欲墜，遭到**守護代**和**國人**奪走領國的事件層出不窮。這些守護代和國人成功以實力統治領地，之後逐漸茁壯爲**戰國大名**。

　　像是關東的**北條氏**從伊豆發跡，將勢力統治範圍擴展至相模和武藏，使古河公方、堀越公方逐漸沒落。越後的**上杉謙信**派兵到關東與北條氏對戰的同時，又爲了爭奪北信濃的統治權，與從守護躍升爲戰國大名的甲信**武田信玄**，在川中島發生好幾次激烈衝突。東海地方有成長爲戰國大名的名門**今川氏**，而東北地方則有鎌倉時代以來的伊達、南部、最上氏等紛紛成爲戰國大名，最後由**伊達氏**鎮壓群雄。中國地方勢力最大的**大內氏**被家臣陶晴賢所滅，安藝國人出身的**毛利元就**崛起後，消滅掉陶晴賢，並將勢力擴展到山陰，最後還討伐尼子氏，成爲中國地方最大的戰國大名。四國方面，有三好氏崛起，取代了身爲三管領之一、領地從四國擴及到近畿的細川氏；但後來被土佐國人出身的**長宗我部元親**所驅逐，最後由長宗我部氏統一四國。在九州占優勢地位的，是鎌倉時代以來的守護島津、大友與少貳氏，後來少貳氏被龍造寺氏取代，形成**島津、大友、龍造寺**三者互相制衡的狀態。

　　戰國大名的統治地稱爲「**領國（分國）**」，統治的重要課題爲「**富國強兵**」。當中也有人制定被稱爲**分國法**的成文法來管理家臣團，有效達成富國強兵。例如越前「朝倉孝景條條」中的城下町集住令、甲斐「甲州法度之次第」中的喧嘩兩成敗法、駿遠「今川假名目錄」禁止私人婚姻等。整體來說，這些法令成功推動了灌溉事業、土地開發、礦山開發、交通與通訊手段的整備，並活化地區發展，也確保了徵收兵糧的可能性。

守護大名與戰國大名

	守護大名	戰國大名
出身	有權勢的武將在南北朝動亂期擴展勢力	守護大名擴展勢力，守護代等以下剋上
據點（居處）	主要在京都，領國交給守護代管理	領國
家臣統治	與領國的莊官和武士締結主從關係，間接統治農民	以領國的武士為家臣，進行檢地等政策，直接統治農民
莊園	認同並共存	不認同
與幕府的關係	受命於幕府，聽令於將軍	從幕府權力中獨立。制定獨自的法律（分國法）
商業政策	認同座	為了促進流通，否定座在城下町的特權，並頒布樂市令
統治結構圖	將軍 ↓ 守護大名 原則上待在京都 ↓ 任命 守護代 ↓ 國人（地頭） 領國 ↓ 名主、地侍 莊園鄉村	將軍 ↓ 戰國大名 ↓ 家臣團 城下町集住 ↓ 地侍 惣村 名主 農民　　商工業者

基督教的傳佈
和南蠻貿易

　　1543年，漂流到種子島的葡萄牙人流傳下來的**鐵砲**（火繩槍），大幅撼動了群雄割據的戰國時代。鐵砲的出現，讓中世以來武士騎馬使用弓箭和刀劍打仗的作戰方式，產生了巨大變化。日本運用鍛治等之技術將鐵砲製造國產化，和泉堺、紀伊根來和近江國友等地開始盛行製作鐵砲，提供給戰國大名。

　　幾乎在同一時期，**基督教的傳教**和**南蠻貿易**也開始了。事情起源於1549年，**耶穌會的聖方濟・沙勿略**（San Francisco Xavier）來到鹿兒島。當時歐洲因宗教革命，基督教分裂爲新舊兩支，雙方致力於各自的傳教上，特別是舊教（天主教）的耶穌會等傳教團體，積極前往亞洲和新大陸進行傳教佈道。沙勿略正是耶穌會的首創成員，之後也開始有許多傳教士來訪日本。

　　葡萄牙船隻於1550年來到平戶，開始進行南蠻貿易。傳教士們利用戰國大名想要獲得鐵砲和貿易利潤的心態，用貿易換取傳教許可。除了**平戶**之外，**長崎**、豐後**府內**等地也成爲發達的貿易港口。此外，因爲戰國大名開發礦山，開採出大量的**銀**，因此吸引南蠻商人紛紛前來貿易。日本後來還出現信仰基督教的大名。

　　1579年在傳教士范禮安（Alessandro Valignano）的推薦下，九州大名派遣了領內的數名少年來到羅馬教皇身邊，是爲**天正遣歐使節**。這些使節於1590年歸國。這時范禮安再度來日，帶來了西洋的**活字印刷機**，並用此印刷機發行「吉利支丹版」、「天草版」等印刷品，讓**南蠻文化**滲透進日本。

鐵砲的傳入和基督教

1543年	葡萄牙人漂流到種子島，鐵砲傳入
1547年	最後的勘合船
1549年	聖方濟・沙勿略的到來（鹿兒島）
1550年	葡萄牙船來到平戶
1551年	沙勿略離開日本（從府內）
1556年	傳教士卡斯帕・維列拉（Gaspar Vilela）來到日本
1563年	傳教士路易士・佛洛伊斯（Luís Fróis）來到日本
1569年	織田信長准許佛洛伊斯傳教
1575年	長篠合戰
1579年	范禮安來到日本
1582年	大友義鎮、有馬晴信、大村純忠派遣天正遣歐使節 本能寺之變
1584年	西班牙船來到平戶，小牧、長久手之戰
1587年	伴天連追放令
1590年	天正遣歐使節歸國，范禮安再度來日→傳入活字印刷技術→吉利支丹版（天草版）
1592年	文祿之役
1596年	聖菲利浦號事件（西班牙船來到土佐、浦戶，船員失言） 26名聖人殉教（在長崎的方濟各會士和信徒遭處刑）
1597年	慶長之役

▶ 03
信長與秀吉的天下霸主之路

　　織田信長於1560年的**桶狹間之戰**華麗登場，**豐臣秀吉**統一天下則是在1590年。當中經過30年，改變戰國時代合戰樣貌的**長篠合戰**，正好位於中間的1575年。織田信長、德川家康軍靠著鐵砲隊的威力，擊潰了甲斐武田勝賴的騎兵軍團。

　　信長是從分國尾張開始步上統一天下之路的。尾張的土地豐沃，距離京都很近，促使朝向統一的可能性。當其他戰國大名還在為了守護分國而無法動彈時，信長就已經開始以京都為目標了。他打倒鄰國美濃的齋藤氏而擴張領土，並使用「**天下布武**」之印作為號召，明確表示出他想以武力統一天下的目標。進入京都後，他擁立足利義昭為將軍，穩健地走在統一天下的路上。

　　經濟政策方面，則對美濃加納的市場頒布**樂市令**，廢除中世座的特權，准許商人自由營業，並推出強化領國經濟能力的政策。1576年對建造於琵琶湖畔的安土城之城下町，也頒布了樂市令。

　　信長最後雖死於**本能寺之變**，但家臣羽柴（豐臣）秀吉繼承了他的雄心壯志，完成統一天下的大業。

　　1588年，秀吉頒布**刀狩令**，透過身分統制令明確區分士與農，將農民定著在農村，促進**兵農分離**，同時也推出家臣團集住在城下町的政策。

　　秀吉的經濟基礎源自被稱為「**藏入地**」的直轄地和直轄**都市**（京都、伏見、大坂、堺、長崎），以及佐渡、石見、生野等直轄**礦山**。並利用天皇與自己**關白**的地位，使九州的島津氏、關東的北條氏、東北的伊達氏臣服於己，接著發布**惣無事令**，禁止私鬥，結束戰爭，完成統一天下的壯舉。

織田信長統一天下之大業

1551年	父親信秀死亡，織田信長繼承家督
1553～64年	川中島合戰
1560年	桶狹間之戰
1565年	松永久秀殺害將軍足利義輝
1567年	進攻美濃 將稻葉山（井口）名稱改為岐阜
1568年	信長入京，立足利義昭為將軍
1570年	姊川之戰、石山戰爭開打
1571年	火燒（比叡山）延曆寺
1572年	三方原之戰
1573年	放逐足利義昭，室町幕府滅亡
1574年	平定伊勢長島的一向一揆
1575年	長篠合戰
1576年	興建安土城（79年完成）
1577年	對安土城下頒布樂市令，羽柴秀吉開始進攻中國地方
1580年	石山戰爭結束，顯如退出
1582年	本能寺之變

▶ 04

中世轉變成近世的關鍵：
太閣檢地

豐臣秀吉於1582年贏得**山崎合戰**的勝利，進入京都後，旋即在山城國實施檢地（註：測量土地面積，調查收穫量）。1584年的近江檢地開始採用1反＝300步制。秀吉對於新獲得的領地會逐一實施檢地，這一連串的檢地被稱爲**太閣檢地**。

檢地奉行（註：負責執行檢地的人）會進到村子裡進行土地調查，並製作檢地帳。在地方分權的中世社會中，測量單位會因土地和地方而有所不同，而完成統一天下大業的秀吉也**統一了度量衡**，讓全日本都得以使用同一個標準來進行測量。

長3尺3寸爲1間，約191公分。1間四方的面積爲1步，30步爲1畝，10畝爲1反，10反爲1町。體積則使用「京枡」這種統一量具測量。

田地會依村分等級，村子當中最優良的田爲上田。上田1反的米收穫量可達1石5斗，上田底下1個等級的中田1反可收穫3斗，再下面的下田可收穫1石1斗，下下田爲9斗，以此標準（石盛）來分等，也就是以產米量來表示土地的價值，這稱爲**石高制**。檢地帳由1位**名請人**（土地負責人）來進行登記（一地一作人原則），這就是太閣檢地的特徵。耕作者爲自立農民，可擁有**土地占有權**（耕作權），也就是近世農村基本階層的**本百姓**。此政策結果讓以往在一個土地中有地頭職、領家職和本家職等權力重疊，並將從中獲得中間利益（作合）的**莊園公領制完全消滅**。以石高制爲依歸的近世**大名知行制**也就此確立。

面對這類大規模的改革，之後也出現了1587年的肥後一揆、1590年的陸奧大崎、葛西一揆等抗爭運動，但都遭到徹底的鎮壓，就此打造出近世社會。「天正的石高修正」可說是秀吉留下的最大歷史遺產。

豐臣秀吉的統一天下大業

1582年	本能寺之變，中國大撤退，山崎合戰
1583年	賤岳之戰
1584年	小牧、長久手之戰
1585年	平定四國，成為關白，在九州頒布總無事令
1586年	當上太政大臣，賜姓豐臣
1587年	平定九州，伴天連追放令，在關東、奧羽頒布惣無事令
1588年	後陽成天皇，聚樂第行幸 刀狩令 海賊取締令
1590年	進攻小田原，北條氏滅亡 將德川家康移至關東 平定奧州，使伊達政宗稱臣
1591年	人掃令（身分統制令）

文祿·慶長之役

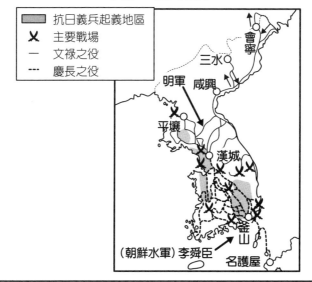

▢ 抗日義兵起義地區
✘ 主要戰場
— 文祿之役
--- 慶長之役

會寧
三水
明軍　咸興
平壤
漢城
釜山
（朝鮮水軍）李舜臣
名護屋

▶ 05
秀吉的野心：出兵朝鮮

　　豐臣秀吉自1587年起，就企圖進軍統一天下後的中國大陸。這一年秀吉向取代元朝統治中國的**明朝**和**朝鮮**要求進貢，卻遭到拒絕。同年秀吉發布**伴天連追放令**，隔年頒布**刀狩令**和**海賊取締令**。

　　統一天下後的1591年又發布**人掃令**（身分統制令），進行全國戶口調查。這應該是為了了解可向海外派兵的軍隊規模和維持軍隊的糧食生產，以及確保有多少軍船、船員等。

　　同年，日本再度向朝鮮要求朝貢，另外也向明朝，以及位於印度果阿邦的葡萄牙政府、呂宋的西班牙政府要求朝貢。秀吉打算以日本為中心建立東亞的新國際秩序，目標統治整個東亞地區。

　　之後秀吉在肥前**名護屋**大規模築城，並以此為據點讓大名集結，又在1592年派小西行長、加藤清正等15萬大軍渡海，是為**文祿之役**（壬辰倭亂）。

　　開戰1個月便占領首都漢城，加藤清正軍進攻到現在流經中國、北朝鮮、俄羅斯國境的豆滿江（註：圖們江）一帶。可是在朝鮮水軍名將李舜臣的作戰下，補給路遭斷絕，在明朝出兵幫助朝鮮之前，戰線進入膠著，1593年停戰。

　　直到1597年再度引發戰端，是為**慶長之役**（丁酉倭亂）。這次朝鮮已和明朝結盟，早就整備好防衛機制，和前一次大相逕庭。日本軍被困在朝鮮半島南部，飢餓不已的加藤清正軍在蔚山城被包圍，在必須面對飢餓的作戰環境下苦不堪言，最後日本軍終於在1598年因秀吉死去後方才撤兵。

檢地的度量衡和石高的計算

度（面積）	量（容積）
6尺3寸（四方）＝1 步	10勺＝1合
30步＝1畝	10合＝1升
10畝＝1段	10升＝1斗
10段＝1町	10斗＝1石

石盛（每段的標準收穫量）×面積＝石高

上田（1石5斗）
中田（1石3斗）
下田（1石14）　　×　　面積＝石高
下下田（9斗）

村子整體的收穫量－除地的石高＝村子的石高
（草高）

▶ **01**

德川家康的霸業
和幕府政治的復活

　　松平氏（之後的德川氏）是西三河國人等級的武士，從松平鄉擴展勢力，並在三河國守護一色氏和管領細川氏進行對抗時趁亂崛起，以岡崎城爲據點而發展成三河的戰國大名。家康的父親廣忠曾加入駿河今川氏旗下，因此年幼的家康曾當過鄰近的織田氏和今川氏的人質。

　　1560年**桶狹間之戰**雖以今川軍武將的身分出陣，但在這場合戰中，織田信長成功討伐今川義元，因此家康便離開今川氏獨立。家康進入岡崎城，恢復三河的統治權後，即**與信長結盟**。統一三河後，於1566年將「松平」姓改爲「**德川**」，勢力延伸到東海地方，並將據點移至遠江的濱松。

　　1575年在長篠之戰中，以同盟軍身分爲織田陣營的勝利做出貢獻。1582年本能寺之變發生後，被秀吉搶先一步成爲信長的後繼者。之後在1584年的**小牧、長久手之戰**中與秀吉一戰，雙方互不相讓形成長期化的對峙。在秀吉面前展現了實力之後，家康與秀吉談和，並在維持勢力的狀態下**臣服於秀吉**。

　　1590年，秀吉消滅小田原北條氏統一天下，家康**移封關東**，以江戶作爲總據點，之後開始興建江戶町，也就是現在的東京。秀吉死後，家康在1600年的**關原之戰**中獲得勝利，並在1603年當上**征夷大將軍**，開啓幕府政治。

　　1605年把將軍職位讓給兒子秀忠，隱居駿府，成爲「**大御所**」（註：對退位前任幕府將軍的尊稱），繼續統治全國。

　　1614年，家康指出豐臣氏爲了追善供養秀吉所重建的京都方廣寺，當中大佛的鐘銘文內含不敬之意，挑起**大坂之役**（冬之陣、夏之陣），並在目睹豐臣氏滅亡後，於1616年死去。

德川家康的霸權

1542年	在岡崎城出生
1547～60年	成為織田信秀、今川義元的人質
1560年	桶狹間之戰
1562年	與織田信長結盟，平定三河
1570年	以濱松城為居城 與信長在姊川之戰中擊破淺井、朝倉聯軍
1572年	三方原之戰
1573年	室町幕府滅亡
1575年	長篠合戰
1582年	天目山之戰，本能寺之變，山崎合戰 從堺經過伊賀（伊賀越）返回三河
1584年	小牧、長久手之戰（與羽柴秀吉勢均力敵，最後和解）
1590年	進攻小田原（北條氏滅亡），移封關東（進入江戶）
1592年	文祿之役
1597年	慶長之役
1598年	豐臣秀吉歿
1600年	關原之戰
1603年	受任征夷大將軍，在江戶開啓幕府
1605年	將征夷大將軍讓給三男德川秀忠 （向世間詔告德川氏的世襲）
1614年	方廣寺鐘銘（「君臣豐樂」、「國家安康」）事件，大坂冬之陣
1615年	大坂夏之陣（豐臣氏滅亡）
1616年	歿

▶ 02
遭到嚴格管控的大名們

1615年**大坂夏之陣**後終結最後的戰亂，沒有戰爭的時代終於到來。這一年幕府規定大名只能有一個居城（一國一城令），並頒布了**武家諸法度**。這些規定會在將軍更替時重新向大名頒布。

元和的武家諸法度（1615年）規定修建居城的許可制和禁止建造新城，寬永令（1635年）則將**參勤交代**義務化。廣島城主福島正則因擅自修城遭到改易（註：沒收領地），加藤清正之子忠廣也遭改易，大名受到嚴格的管控。

參勤交代義務化是3代將軍德川家光時期的政策，將軍和諸大名的主從關係在此時確立，幕藩體制也就此完成。大名必須「1年在府（江戶），1年在國」，輪流往返江戶和領國，大名的妻兒則強制住在江戶。

以家人作爲「人質」，是戰國亂世以來表示臣服和同盟的證明。關原之戰後，隸屬西軍的薩摩島津氏親自將妻兒送到江戶，之後此制度普及於所有大名，並進一步義務化。生活在經濟成長的江戶和參勤交代的旅費造成大量的支出，使大名的財政遭到壓迫。參勤交代也有將大名對將軍所服**軍役**產生視覺化的效果。

此外，大名受命從事「御手傳普請（施工）」，特別是江戶和江戶城的「**天下普請**」，除了譜代大名（註：關原戰前即臣屬德川之大名）之外，還要求全國大名共同出錢出力完成。大規模的河川工程也會藉由「御手傳普請」之名義向大名徵收費用。

武家諸法度的變遷①

武家諸法度（元和令）一六一五年制定

一 文武弓馬之道，專可相嗜事。……
（重視武藝）

一 諸國之居城雖為修補，必可言上，況新儀之構營堅令停止事。……
（築城修城亦當呈報）

武家諸法度（寬永令）一六三五年制定

一 大名小名，在江戶交替，所相定也，每歲夏四月中可致參勤。
（參勤交代義務化）

一 五百石以上船停止事。
（嚴禁建造大船）

幕府的組織和財政基礎

　　日本的總石高在17世紀末約爲2500萬石，德川家領有當中的700萬石，直轄領400萬石，加上賜給旗本（註：江戶時代的武士家臣）等的300萬石，共占全國的4分之1以上。被稱爲**三都**的大都市江戶、京都、大坂也都是幕府的直轄都市，從這些大城市商人身上所課徵的「**運上**」、「**冥加**」等各式營業稅，也是幕府的收入來源。長崎貿易和直轄礦山（佐渡、伊豆、生野、大森）也都有收入可得。

　　統治機構在第3代將軍家光的時期已幾近完善。原則上幕府的重要職位限定於**譜代大名**和**旗本**擔任，而**外樣大名**和**親藩大名**（德川一族）則被排除在外。同一職位會任命兩名以上的人員每月輪替，職務上分爲負責軍事的「**番方**」和負責行政、司法等的「**役方**」。負責江戶和江戶城警衛的大番、護衛將軍的書院番、小姓組番等都是番方。

　　位於最高地位的是**老中**，由多位譜代大名擔任，進行合議政務。**大老**雖爲最高職位，但這是臨時職位，並非常設。輔佐老中的是**若年寄**，老中底下設有監督大名的**大目付**，若年寄底下設有監督旗本、御家人的**目付**等多種職位。重要職位還包含**寺社奉行**、**勘定奉行**、**町奉行**，稱爲「**三奉行**」。寺社奉行負責監督寺院神社和處理關八州以外的訴訟，勘定奉行負責處理關八州的訴訟。勘定奉行底下設有**郡代**、**代官**，負責統治幕府管領的民眾。江戶町則由**町奉行**進行統治，分爲南北有2人輪流負責江戶町政。另有駿府、京都（二條）城代，大稅、京都、駿府的町奉行，以及長崎、佐渡、山田（伊勢）、日光、伏見、奈良、堅奉行等職位，總稱爲「**遠國奉行**」。

江戶幕府的職制

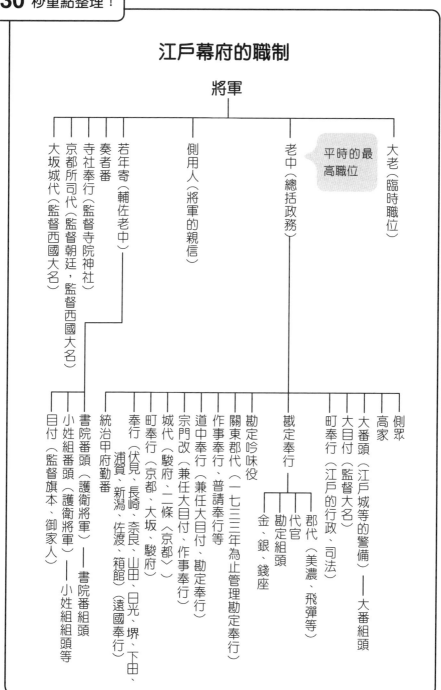

將軍

- 大坂城代（監督西國大名）
- 京都所司代（監督朝廷，監督西國大名）
- 寺社奉行（監督寺院神社）
- 奏者番
- 若年寄（輔佐老中）
- 側用人（將軍的親信）
- 老中（總括政務）
- 大老（臨時職位） ── 平時的最高職位

- 若年寄（輔佐老中）
  - 統治甲府勤番
  - 書院番頭（護衛將軍）── 書院番組頭
  - 小姓組番頭（護衛將軍）── 小姓組組頭等
  - 目付（監督旗本、御家人）

- 老中（總括政務）
  - 奉行（伏見、長崎、奈良、山田、日光、堺、下田、浦賀、新潟、佐渡、箱館、遠國奉行）
  - 町奉行（京都、大坂、駿府）
  - 城代（駿府、二條〈京都〉）
  - 宗門改（兼任大目付、作事奉行）
  - 道中奉行（兼任大目付、勘定奉行）
  - 作事奉行、普請奉行等
  - 關東郡代（一七三三年為止管理勘定奉行）
  - 勘定吟味役
  - 勘定奉行
    - 金、銀、錢座
    - 勘定組頭
    - 代官
    - 郡代（美濃、飛彈等）
  - 町奉行（江戶的行政、司法）
  - 大目付（監督大名）
  - 大番頭（江戶城等的警備）── 大番組頭
  - 高家
  - 側眾

農民控制與朝廷監控

　　幕府和大名的主要財源都是以村為單位所徵收的年貢，由村一併繳納（**村請制**）。村尚且獲准自治，由**名主**（庄屋、肝煎）、**組頭**、**百姓代**等構成**村役人**（註村內官員）作為中心而組成之**本百姓**（登錄檢地帳的農民）來運作，年貢也是由名主統一徵收後繳納。

　　幕府會盡力維持負擔年貢的本百姓，在**田　永代買賣禁止令**中，抑制地主的產生，更推出**分地限制令**來防止分割繼承造成的田地細分化，同時禁止自由栽培商品作物，這些都是為了確保繳納米糧的年貢。

　　為了能夠確實收到完整年貢，還推出**五人組**制度。數戶本百姓組成一組，由這幾戶繳納年貢。五人組制度還可互相監督，預防犯罪。

　　朝廷對幕府而言，是有別於農民的重大存在意義。畢竟讓德川本家之主擔任**征夷大將軍**的是天皇，所以保障其權威對幕府而言是非常重要的，但又不能讓天皇的權威過高，因此幕府對朝廷設下了重重束縛。在1615年推出的**禁中並公家諸法度**中，將天皇的任務限定在學問方面。

　　除了讓**京都所司代**監視朝廷外，還任命2名公家為**武家傳奏**，與所司代聯動，傳遞指令給朝廷，藉此操控朝廷。1620年，將軍德川秀忠讓女兒和子進入後水尾天皇的後宮，並趁此機會，將原本由朝廷執行的官位制度和改元制度，變成需要經過幕府的同意才實行。

百姓控制與村的自治

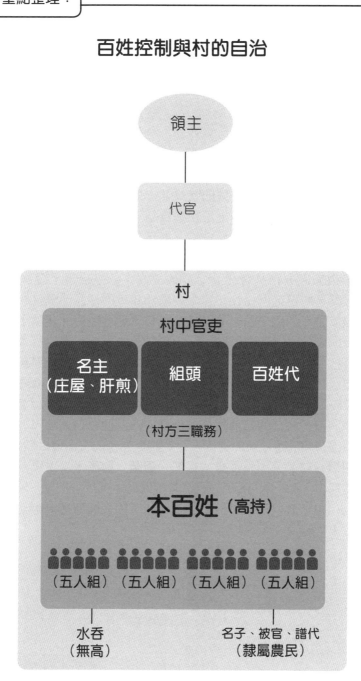

幕府的外交體制：
「四個窗口」

　　德川家康和鄰近諸國發展和平外交，並熱衷於擴大貿易。荷蘭和英國均設有**東印度公司**，企圖進軍亞洲。荷、英和之前的葡、西不同，並未要求以貿易交換傳教，與一心只想要貿易利潤的幕府方針一拍即合。

　　當時攜帶海外航行許可證**朱印狀**來進行**朱印船貿易**也很繁榮。朱印船貿易的主要商品爲中國產的生絲和絹織品，但明朝當時施行海禁政策，因此朱印船是在呂宋、暹羅、安南、東京、柬埔寨等港口遇見中國商船時，直接購買生絲。居留於南方的日本人也變多，形成了**日本町**。

　　只是後來徹底取締基督徒的必要性提高，於是出現了限制日本人渡航和進行貿易的規定。1616年日本將歐洲船隻的停靠港限定於平戶和長崎；1624年禁止**西班牙船**來航；1631年日本船渡航海外時除了需要朱印狀之外，還必須附上**老中奉書**；1633年禁止奉書船以外的日本船渡航海外，並禁止在海外居住5年以上的日本人歸國；1635年全面禁止日本人渡航海外和居住海外的日本人歸國；1639年將**葡萄牙人**驅逐海外，並禁止來航，最後只剩荷蘭和中國船能在長崎入港，完成了所謂的「**鎖國**」。

　　但現在將江戶時代的這種對外關係稱爲「四個窗口」。因爲當時日本還是繼續維持和周邊地區的交流，只是將與外國的交涉窗口限定在4個地方。「四個窗口」分別爲**長崎、松前、薩摩、對馬**。當中只有長崎是幕府的直轄都市，剩下的3個窗口則是繼續進行中世以來治理各地區大名的對外交易，包括愛奴民族與松前藩、琉球王國與薩摩藩、李氏朝鮮與對馬藩。

四個窗口

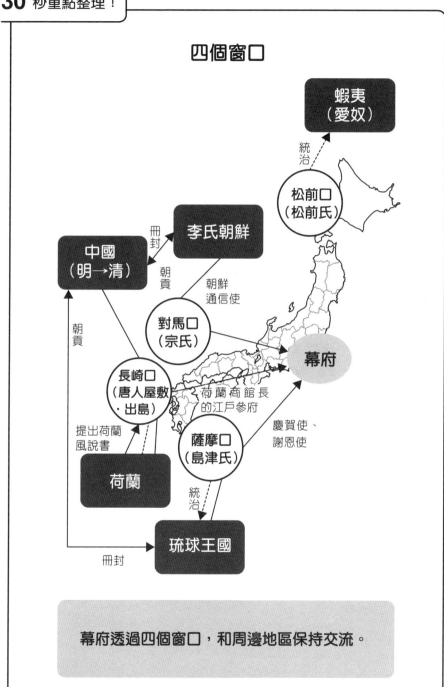

幕府透過四個窗口，和周邊地區保持交流。

從武斷政治到文治政治

到3代將軍**德川家光**爲止，幕府都是透過改易與轉封來管制大名，也就是所謂的**武斷政治**。長久的和平讓幕府機構逐漸完善，但是關於**牢人**（浪人）的對策便成爲幕府的問題。「牢人」是指失業的武士，當滿街都是牢人時，無業的旗本之子當中就會出現「**傾奇者**」，成爲社會的亂源。

1651年，將軍家光死後，由井正雪等人便在駿府和江戶進行謀反，引發**慶安之變**。

事件之後，家光之子**家綱**11歲就任4代將軍，在松平信綱、保科正之等人的輔佐下，逐漸由武斷政治轉變爲**文治政治**，因爲要是再讓牢人增加，只會增添社會不安而已。在過去，沒有繼承者的大名，其臨死前收養來當繼承者的「**末期養子**」幾乎不會被承認，這也成了大名改易的主因。爲了改變這一點，1663年開始准許不到50歲的大名收末期養子，這讓改易的情況大幅減少。同一年也嚴禁隨主殉死，家臣不再是侍奉主公個人，而是有義務服侍整個主家。

接著5代**綱吉**的治世讓文治政治達到巔峰。將軍每次換代時都會推出的武家諸法度中，第一條就從「文武**弓馬**之道專可相嗜事」，改爲「勵文武**忠孝**，可正**禮儀**事」，這代表對武士而言最重要的不再是武力，而是對君主的「忠」和對祖先的「孝」。這樣的文治主義的背景來自儒教思想，儒教雖然是孔子創始的政治、道德哲學，但是將儒教思想理論化的是宋代的朱子。朱子學於鎌倉時代傳入日本，朱子學者**林羅山**受邀到江戶幕府，之後由林家代代司掌幕府的文教，藉此將德川氏的幕政在理論上正當化，成爲一種用道德來鞏固封建制身分秩序的學問。

武家諸法度的變遷②

武家諸法度（天和令）一六八三年制定

一 勵文武忠孝，可正禮儀事。
（勵行忠義孝行，端正禮儀）

一 養子選同姓相應者，若無之，正由緒，存生之內可言上。五拾以上十七以下之輩及末期雖致養子，吟味之上可立之。

附、禁殉死之儀、彌制。
（50歲以上和17歲以下者臨死之際欲收養子時需斟酌）

君主死亡時，禁止家臣共同殉死。

過去重視「武藝」，現在改為重視忠義孝行和禮儀。

50歲以上和17歲以下，也就是高齡人士和年輕人臨死之際必須收養養子（末期養子）時，需要斟酌。換言之，即18歲以上49歲以下的人可有末期養子之意。

完善的交通網：五街道和迴船

　　江戶幕府以江戶為中心，整建了完善的陸路和海路交通。其中以連接江戶、大坂、京都三都的**東海道**為主，其次為**中山道、甲州道中、日光道中和奧州道中**，這**五街道**為幹線道路，分別設有宿驛（註：提供住宿的驛站）。

　　此外，為了運送大量物資到江戶，水上交通也整備完善。首先在17世紀初期，京都豪商**角倉了以**整頓了富士川等**河川交通**，之後開鑿京都的高瀨川，使淀川成為連結京都和大坂的流通路線。琵琶湖、霞之浦等的湖上舟運也相當發達。

　　海上交通方面，17世紀前半開始使用**菱垣迴船**，從大坂運送多項商品到江戶，17世紀後半江戶商人**河村瑞賢**以出羽酒田為起點，整建通往江戶的東迴海運和西迴海運路線，完成了全國規模的海上流通網。18世紀前半，在大坂和江戶之間運送酒樽等的小型**樽迴船**也開始運行。

　　如此一來，在17世紀時便打造出連結全國的商品流通市場，各地的城下町也互相連結，促進都市發展。除了武士之外，都市居民的消費需求也變得多元，為了因應這些需求，各地的商品生產越來越豐富。幕府和大名獎勵商品作物的生產，以增加稅收。商品交易則是將許多村落也帶進流通市場當中，讓貨幣經濟滲透全國各地。

　　17世紀末，飛驒和紀州的木材商人承包了奧羽和蝦夷地的山林採伐。元祿時代、江戶時代威名遠播的「大盡（註：富豪）」紀伊國屋文左衛門、奈良屋茂左衛門、河村瑞賢等人的本業都是木材業。雖然發生了很多火災，但這些人都是獲得巨大利潤的豪商。

五街道與關所

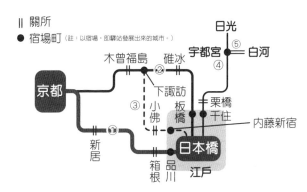

‖ 關所
● 宿場町（註：以宿場，即驛站發展出來的城市。）

	〈主要關所〉	〈常備人馬〉
①東海道	箱根、新居	100人、100匹
②中山道	碓冰、木曾福島	50人、50匹
③甲州道中	小佛	25人、25匹
④日光道中	栗橋	25人、25匹
⑤奧州道中		25人、25匹

河川交通與沿岸航路

▶河川交通（角倉了以）……富士川、高瀨川等
安治川為河村瑞賢所開鑿
▶沿岸航路
①南海路：菱垣迴船→樽迴船
②東迴海運
（1670年）　　河村瑞賢
③西迴海運
（1672年）

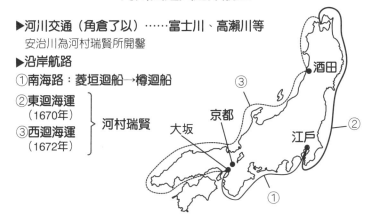

以勤儉樸實、重建財政
為目標的享保改革

　　初期的幕府財政有儲備金銀，還算富裕。可是到了4代家綱時期，由於1657年江戶發生**明曆大火**，為了重建復興，花費大量金銀，加上國內的金銀礦山採掘量在17世紀後半就開始銳減。因此到了5代綱吉時期，幕府和諸藩均陷入財政危機中。

　　綱吉時期因**勘定吟味役**（之後的勘定奉行）荻原重秀的獻策，進行了貨幣改鑄，減少金銀貨幣當中的純金純銀的含量，並用多出來的份額（**出目**）鑄造新貨幣，據說利潤（出目）約達500萬兩。於是市場上流通的金幣總額突然增加，但實際的金量並無改變，因此等於說是同樣1兩的價值卻比改鑄貨幣之前低，形成所謂的通貨膨脹，導致物價上漲。

　　這時御三家的紀伊藩主**德川吉宗**以養子身分繼承第8代將軍，致力重建財政，是為**享保改革**。享保改革將重點放在提升年貢徵收上。

　　他鼓勵**勤儉質樸**，發布**上米令**，施行**足高制**，獎勵新田開發，採用**定免法**取代檢見法。為了奠定基礎，還獎勵實學，放寬了進口漢譯洋書的禁令。除了株仲間（註：同行公會）公認的經濟政策之外，還開始制定**公事方御定書**，設置**目安箱**，頒布**相對濟令**等，在各項領域中進行改革。

　　雖然享保改革大幅振興了財政，但年貢的增收卻導致米價下跌，只能說是治標不治本的對策。

德川家系圖

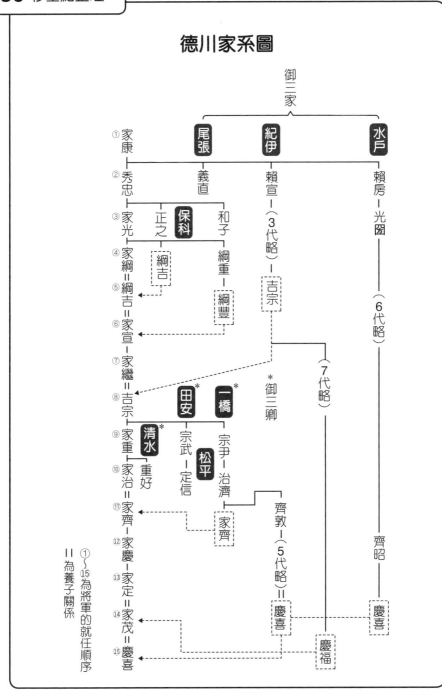

推動重商政策的
田沼時代

9代家重、10代家治時期，由原本是家重的小姓，後來成爲**側用人**，之後又晉升爲老中的**田沼意次掌握實權**，也就是所謂的田沼時代。田沼政治雖被批評爲「**賄賂政治**」，但他積極採用**重視商業**的政策，延續了享保改革的路線。

田沼考慮到農民增收的年貢已達極限，於是開始將目光放在延續發展商業上。他促進民間的經濟活動，讓商業更加繁榮，並推動座的組成，欲從商人身上徵收**運上金**、**冥加金**等營業稅。

之後又擴大專賣制，廣泛公認黃銅座等**株仲間**，並介入流通，導入**會所制**，即生絲等買賣必須在幕府指定的交易所「會所」進行。

新農田開發方面也促使商人出資，進行**印旛沼**、**手賀沼的排水造田**工程。更訂定**蝦夷開拓計畫**，與俄羅斯進行交易，並著手進行北海道方面的調查。

長崎貿易方面也設法減少銀貨支付，獎勵銅或海參、乾鮑魚等海產的輸出，增加金銀的輸入。

田沼的政策也促進了民間學問的發展。但由於賄賂盛行，士風敗壞的批判聲浪四起。之後因1782年的寒害，及次年淺間山的火山爆發導致了**天明饑荒**，再加上將軍家治之死，使他就此失勢。

印旛沼的排水造田事業在臨門之際宣告失敗，蝦夷地開拓也止於計畫階段，但這些政策到了明治時代都獲得了高度評價。

田沼時代的政治特徵

政治特色目標		重振財政。考慮到僅增收年貢並無法重振財政，因此積極活用商業資本，來開發產業和擴大輸出作為目標
政策	商業	積極公認株仲間（增加運上、冥加等營業稅收） 擴張專賣（銅、鐵、黃銅、高麗參座等） 鑄造定量的計數銀貨 （嘗試以金為中心的一元化貨幣制度）
	開發 新田	印旛沼、手賀沼的排水造田事業
	開發 蝦夷地	採用工藤平助《赤蝦夷風說考》的意見 派遣最上德內等人前往蝦夷地
	貿易	放寬長崎貿易的限制（獎勵海產乾貨與銅的輸出）
結果		產業復甦，促使流通發達 受批判為幕府、大商人獨占利益的「賄賂政治」 天明饑荒、淺間山噴發 ⎫ ⎬→ 一揆、暴動頻繁 ⎭　　↓ 　　暗殺田沼意知 　　罷免田沼意次

試圖復興並管控與
社會的寬政改革

田沼意次於1786年失勢後，隔年江戶、大坂等全國30餘個主要都市相繼發生暴動（**天明暴動**）。

這時，白河藩主松平定信擔任11代將軍**德川家齊**老中之首，開始進行**寬政改革**。松平定信為德川吉宗之孫。

改革目標為終結饑饉和暴動，復興社會，恢復治安，並儲備糧食預防饑荒，以及**監控思想**。

1790年，他推出**寬政異學禁令**，也就是禁止湯島聖堂的林家塾門人學習朱子學以外的學問。並將林家塾設為**昌平坂學問所**，正式當作幕府官學。

社會政策方面，在各地設置貯藏雜糧的**社倉、義倉**，1789年對大名發出「**圍米**」令，也就是命令大名儲米。江戶町方面頒布儉約令，節省町入入町費用，省下來的70%當作儲備金，運用在新設的江戶町會所上，以及救濟貧民。

此外，還發給沒有職業的人資金，獎勵他們回農村，在**石川島人足寄場**收容遊民，對他們進行職業訓練，協助他們就業。另外為了讓旗本與御家人的生活穩定，頒布**棄捐令**，免除他們對俸米仲介「札差」的債務。

松平定信還嚴屬管制出版，勸導海岸防備的**林子平**於1792年出版的《三國通覽圖說》和《海國兵談》，被視為公然批判幕府外交政策而遭受處罰。同年，俄羅斯使節**拉克斯曼**（Adam Laxman）來到根室要求通商，就在列強正式向日本靠近時，定信於在職6年多時驟然引退。

寬政改革的特徵

政治特色目標		視享保改革為理想，以降低物價、復興農村、強化都市政策、刷新士風、高舉幕權為目標的復古主義改革 否定田沼政治
政策	復興農村	設置圍米、社倉、義倉 舊里歸農令
	都市政策	起用勘定所御用達（特定商人） 在石川島人足寄場收容遊民 七分積金、儉約令、棄捐令
	統制思想	禁止朱子學以外的學問（寬政異學禁令） 出版統制令→林子平、山東京傳、戀川春町、蔦屋重三郎等人遭到打壓
結果		政治與風俗雖獲得整頓，但禁止遊樂小說等文學的拘束感令民眾反彈 →松平定信引退

俄羅斯南下
和異國船驅逐令

18世紀後半，俄羅斯人開始於日本北部出沒，幕府很擔心愛奴人會和俄羅斯有所接觸。1792年，**俄羅斯使節拉克斯曼**來到根室，1804年俄羅斯外交官**雷扎諾夫**（Nikolai Petrovich Rezanov）來到幕府指定的港口長崎，可是他們的通商要求都被拒絕了。幕府命令最上德內等人探索擇捉島（註：位在南千島群島），同時也令**間宮林藏**探索庫頁島，並讓**伊能忠敬**從蝦夷地開始繪製全國地圖。1800年，幕府派八王子千人同心（註：部署在八王子的德川家家臣團）100人入駐蝦夷地，將東蝦夷地設為永久直轄地，並對此處的居民愛奴人進行與日本人相同的風俗管制與同化政策。

1804年，俄羅斯因雷扎諾夫的要求遭拒，於是攻擊庫頁島和擇捉島以進行報復。初次和異國進行槍砲戰而備受衝擊的幕府，將松前藩領和西蝦夷地也劃為直轄地。之後又發生俄羅斯海軍軍人戈洛夫寧（Vasilii Mikhailovich Golovnin）在國後島上岸遭到囚禁的**戈洛夫寧事件**，開拓擇捉航路的淡路商人高田屋嘉兵衛也因此遭到扣留，最後雙方達成協議，送還嘉兵衛並釋放戈洛夫寧，修復彼此關係，幕府也將蝦夷地還給松前藩。

1808年，發生了英國軍艦入侵長崎，並以荷蘭商館館員作為人質，並搶奪糧食、燃料的事件。當時荷蘭是在拿破崙的統治之下，與英國處於對立狀態。這次的事件讓幕府態度轉為強硬，於1825年推出**異國船驅逐令**。

歐美列強無視江戶幕府的外交秩序，強行闖入日本，和戰國時期來航的外國人個性迥異。他們已經歷過市民革命，成立近代國民國家，並因工業革命，生產力蓬勃發展，使歐美的經濟和社會組織產生巨大的改變。歐美列強進軍亞洲地區，也意味著他們意圖在此取得資本主義的市場和資源。

列強的接近和日本的應對

日本的應對（國內的動向）		列強接近	
1792年	林子平透過《三國通覽圖說》、《海國兵談》提倡海防，被視為批判幕政遭受處罰	1792年	拉克斯曼（俄）來到根室。帶著大黑屋光太夫等人要求通商，但遭幕府拒絕
1798年	最上德内、近藤重藏等人探索擇捉島	1796年	布勞頓（英）為了製作海圖來到室蘭
1799年 1800年	將東蝦夷地設為直轄地 伊能忠敬測量蝦夷地		
		1804年	雷扎諾夫（俄）來到長崎要求通商，遭幕府拒絕
1806年	文化撫恤令 （薪水給與令）	1806 （～07）	俄船襲擊庫頁島、擇捉島等 對日本的影響
1807年	將所有蝦夷地改為直轄地		
1808 （～09)年	間宮林藏探索庫頁島、黑龍江	1808年	費頓號事件（英軍艦追逐荷蘭船入侵長崎，獲得柴薪和水）
1813年	俄送還高田屋嘉兵衛，日本釋放戈洛夫寧	1811年	戈洛夫寧事件（登陸國後島進行測量的俄羅斯艦長戈洛夫寧遭捕，被囚禁在箱館、松前）
		1816年	英船來到琉球
		1817年	英船來到浦賀
1821年	將蝦夷地還給松前藩	1818年	戈登（英）來到浦賀
1825年	異國船驅逐令 （無二念驅逐令） 對日本的影響	1824年	英國船員登陸常陸大津濱
1828年	西博爾德事件 （日本地圖流出未遂）		英船登陸吐噶喇群島
		1837年 對日本 的影響	莫里森號事件（基於無二念驅逐令，美船在鹿兒島灣、浦賀沖遭到砲擊）
1839年	蠻社之獄(打壓蘭學者)		
1842年	對日本的影響 天保的薪水給與令	1840 （～42)年	鴉片戰爭，清敗給英國，締結南京條約

試圖恢復幕府權力的天保改革

　　江戶時代前期的一揆，大都以村莊農民齊心協力放棄耕作的「**逃散**」，和村莊官員直接對代官和大名提出「**越訴**」（代表越訴）居多。相較之下，江戶時代中期以降則是連續爆發集團直接提出要求的**惣百姓一揆**。要求社會改革的**世直一揆**更是頻繁爆發到幕末。

　　1837年，前幕臣**大鹽平八郎**在大坂高舉「救民」的旗幟，起義呼籲打倒幕府。試圖推翻在天保饑饉時，放棄救濟窮民的幕府。

　　在此混亂當中，1841年以老中**水野忠邦**為中心的**天保改革**開始了。首先，為了促進自由競爭，使物價下降，他禁了**株仲間**。隔年又**頒布奢侈禁止、儉約令**以及**薪水給與令**。1842年爆發**鴉片戰爭**，受到清朝屈辱性地敗給英國的影響，決定提供飲用水等補給用品給外國船。1843年推出**人返法**，強制來到江戶的離村農民返回農村，並頒布救濟旗本、御家人的棄捐令。

　　水野忠邦為了強化江戶灣的防衛體制，將江戶、大坂一帶全部設為天領（註：幕府直轄地）。他頒布「**上知令**」，直接將江戶、大坂周邊的大名、旗本領化為直轄領（天領），以強化中央在軍事和經濟上的權力。並徵收江戶、大坂周邊的高價土地，改發放鄉下的田地，引起大名和旗本的反彈。最後水野只好撤回此令，就此失勢。幕府的衰弱已經昭然若揭。

天保改革的特徵

政治特色目標		面對內憂外患，強化幕府權力，以質樸勤儉和農業中心主義匡正社會混亂
政策	統制社會經濟	解散株仲間 改鑄貨幣 棄捐令 人返法
	統制政治	採用西洋砲術（高島秋帆） 天保的薪水給與令 印旛沼排水造田→中止 替換三方領知（川越、庄內、長岡三藩轉封）→撤回上知令→撤回
	管制生活	儉約令 將日本橋附近的江戶三座（歌舞伎）遷移到場末的淺草 打壓為永春水、柳亭種彥等人
結果		落伍的管制導致農民、町人、大名‧旗本等階層的反彈，改革中斷且失敗→水野忠邦辭任 幕府權力反而衰弱

培里來航與開國

老中水野忠邦垮台是在1843年，10年後（1853年）美國東印度艦隊司令長官培里（Matthew Calbraith Perry）率領4艘軍艦來到浦賀。幕府拒絕與外國在長崎以外的地方進行交涉，但培里堅持將軍艦停泊在江戶灣口，不肯離開。無可奈何之下，幕府只好受理美國總統要求開國的國書，並約定在明年給予答覆，請培里先離開日本。

美國需要日本的港口，作爲與中國貿易的太平洋航路中繼站，同時需要一個位於日本附近的捕鯨業補給基地。1844年，已有荷蘭國王勸說日本開國；1846年，美國東印度艦隊司令長官貝特爾（James Biddle）也前來要求通商，照理說幕府應該已經很了解美國的動向，但一直到這時才在美國的**砲艦外交**威脅下受理國書。同年，俄羅斯使節普提雅廷（Jevfimij Vasil'jevich Putjatin）也按照幕府的方針，前來長崎要求通商。

老中**阿部正弘**將此事上報朝廷，徵求諸大名、幕臣的意見，自行打破了不讓朝廷參與政治的方針。但由於國難當前，只能改變方針，使得朝廷權威向上提升，卻未能得出好的方案。在毫無頭緒之下，隔年培里再度來日。

最後日本只能簽下**日美和親條約**，同意開放下田、箱館的港口與派駐領事，提供柴薪、水、糧食，並救助遇難船隻和船員。雖不肯承認貿易本身，但仍打破了長年的「鎖國」政策而進行開國。之後又簽訂了**日俄和親條約**，內容幾乎與日美和親條約相同，但在兩國國境方面，關於千島列島的歸屬國後、擇捉等屬於南千島的部分爲日本領地，得撫以北屬於北千島的部分則爲俄羅斯領地，庫頁島則是兩國居民的混居地。

日美和親條約

（第一條）

一　日本與合眾國締結其人民永世不朽的和親關係，不分地點與人員。

（第二條）

一　日本政府於伊豆下田、松前地箱館兩港作為亞墨利加船發薪水、食料、煤等諸缺乏物儘數給之，此地准其駕船入港。

（第九條）

一　日本政府今不相允亞墨利加人之事，倘若與其他海外諸國相允，亞墨利加人則亦應同允之。

右付，毋庸遲緩待議。（最惠國待遇）

> 第9條中規定日本在和美國以外的國家締結條約時，若裡面有日美條約中未含的有利條件，該內容則立即自動適用於美國。

> 第2條規定日本需在下田與箱館（函館）港口提供美國船隻柴薪、水、糧食、煤等補給物資。

參與國政的雄藩強者們

　　老中阿部正弘徵求朝廷和大名的意見後，前水戶藩主**德川齊昭**、薩摩藩主**島津齊彬**等雄藩強者紛紛參與國政。幕府內部則由堀田正睦取代阿部成爲老中之首。

　　1856年，**美國總領事哈里斯**（Townsend Harris）來到下田進行重大的任務，即簽訂通商條約。堀田在徵求完大名的意見後，提出締結條約的意向，可是此條約卻無法獲得孝明天皇的許可（敕許）。而幕府內部這時正面臨將軍的繼承問題，13代將軍家定體弱多病，福井藩主**松平慶永**和島津齊彬等人一橋派，欲推舉**一橋慶喜**（德川齊昭之子）擔任下一任將軍，譜代、保守派（南紀派）則想推舉家定的堂弟紀州藩主**德川慶福**，兩派產生對立。

　　後來幕府在1858年讓**井伊直弼**就任大老，剷除一橋派，無視天皇而簽訂**日美友好通商條約**。這個條約讓下田、箱館，以及神奈川、長崎、新潟、兵庫開港，開始進行**貿易通商**。

　　條約中不但給予領事裁判權，也缺乏關稅自主權，對日本來說相當不公平。日本不但放棄了能夠自由改變關稅稅率的權利，也無法以日本的法律制裁在日本國內犯罪的外國人。

　　井伊力排眾議，讓德川慶福就任將軍之位，可是這個將軍繼承的問題和未經敕許就簽訂條約，引起了朝野人士的不滿，爲了鎮壓這些反對聲浪，井伊發起**安政大獄**。1860年，井伊在江戶城櫻田門前遭到暗殺（**櫻田門外之變**），幕府權威確定走向沒落。

日美友好通商條約

第四條（缺乏關稅自主權）

所有輸入輸出國地的品項以別冊之通納入日本役所。

輸出入品項按照別冊納稅，別冊是指「貿易章程」。在此日本的稅率變成固定數額，日本無法為了保護自國產業而提高關稅，缺乏關稅自主權。

第六條（承認領事裁判權＝治外法權）

對日本人犯法之亞墨利加人，在亞墨利加領事裁判所審判之後，以亞墨加利法度罰之。

如果有對日本人犯罪的美國人，該名美國人則在美國領事館以美國法律制裁，即為治外法權。

123

人民為何要求攘夷？

1858年，日本與美、荷、俄、英、法締結友好通商條約，1859年**正式展開貿易**，貿易量扶搖直上。出口商品以**生絲**為最，占了8成，其他還有茶、蠶卵紙（蠶產卵的紙）與海產等。進口商品有毛織品、**棉織品**、武器與船艦等。但生絲等商品一直以來都只生產國內需要的量，導致供不應求，造成**物價急速攀升**。

製絲業雖有急速的成長，但從國外大量進口機械生產的廉價**棉織品**，讓國內的**棉產業**受到重創。此外，地方商人直接將貨物送到開港地，造成流通混亂。1860年發布的**五品江戶迴送令**，禁止將生絲、水油、蠟、吳服、雜糧5項商品直接送到橫濱，必須先送到江戶，再將剩下的物品送至橫濱（神奈川），此舉引起地方商人和列國的反對，效果不彰。

這時的**金銀比價**，歐美為1：15，日本則為1：5，也就是說只要帶銀來日本換金，就能現賺3倍，因此外國商人紛紛帶著銀貨進入日本，再將便宜換到的日本金貨帶出國外，造成銀的流入，金的流出。這時幕府決定改鑄貨幣，降低1兩小判的含金量，但貨幣價值下滑自然會導致物價反彈，引發激烈的通貨膨脹。

物價高漲和經濟混亂，使得下級武士和庶民百姓生活陷入困境，連江戶的町人都開始反幕府、反開國，也就是要求**攘夷**。通貨膨脹的原因是開國，那是幕府不顧天皇反對所強行的政策。因此下級武士開始傾向攘夷，在農村和都市頻頻發動一揆和暴動。

金銀比價的問題

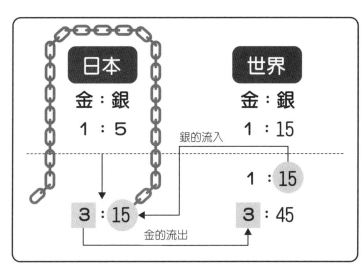

歐美的外國人帶著洋銀進入日本換取黃金，賺到3倍利潤，導致金的流出。於是幕府在1860年鑄造含金量只有「天保小判」3分之1的「萬延小判」。

主要進出口商品的比例（1865年）

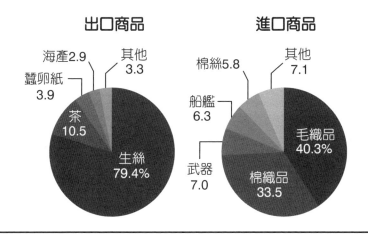

第 4 部

10 hours ⊘

JPN history

近現代

為了恢復權威的
公武合體

　　大老井伊直弼死後，幕府打算以老中安藤信正爲中心，進行「**公武合體**」制，目的是想藉由和朝廷聯手，恢復幕府喪失的權威。雄藩當中的薩摩、土佐、越前等藩也支持公武合體論。

　　具體來說，安藤成功在1861年將**孝明天皇**之妹**和宮**嫁給原名德川慶福的新將軍**德川家茂**，只是孝明天皇以未來需進行「攘夷」爲條件才答應此婚事。這使和宮願意捨棄皇族身分，成爲臣子的武家夫人，這件事稱爲「**和宮下嫁**」。

　　而**尊攘激進派**則對幕府的作法感到相當憤慨。尊擁朝廷、要求驅逐外國人的激進派在1862年，於江戶城坂下門外襲擊安藤，這令人聯想到3年前的櫻田門外之變。所幸安藤保住一命，但最後仍被迫下台。繼大老井伊直弼遭暗殺之後，又在江戶城前發生重臣遭襲事件，幕府的權威降到谷底。這時幕府已失去主導權，改由雄藩主導政治。

　　掌握薩摩藩實權的**島津久光**（藩主忠義之父），爲了擔任公武之間的仲介，便率領1000名士兵上洛，鎮壓自藩的尊攘派（**寺田屋事件**），又帶著敕使大原重德潛入江戶，要求幕政改革。最後成功讓在安政大獄中被迫隱居（幽禁）的**德川慶喜**當上**將軍後見職**，越前的**松平慶永**當上**政事總裁職**，是爲**文久改革**。

　　此外，爲了掌控京都，還讓會津藩主**松平容保**擔任**京都守護職**。近藤勇率領的新選組，正是京都守護職底下的組織。

文久2年的幕府改革特徵

政治特色目標	安政改革中，德川齊昭、島津齊彬、松平慶永、伊達宗城等人，之前均屬無法參與幕政的外樣、御三家、親藩（家門）大名，現在終於可以主導政策，但這些一橋派的人馬卻因井伊直弼的手段遭到處分。1862年，齊彬的弟弟島津久光帶著敕命來到江戶要求幕政改革。以此為契機，一橋派捲土重來，策劃雄藩聯盟的公武合體。

政策	職制改革	政事總裁職　→　松平慶永（越前藩主） 將軍後見職　→　一橋慶喜（一橋當家） 京都守護職　→　松平容保（會津藩主）
	政治軍事改革	放寬參勤交代（隔年改成3年1次，可在府100日） 設置洋式陸軍（「步兵」、「騎兵」、「砲兵」3個兵種） 派遣荷蘭留學生
	學制改革	蕃書調所　→　洋書調所 西洋醫學所　→　醫學所

從尊王攘夷到開國倒幕

1863年，孝明天皇讓將軍德川家茂上洛，令將軍執行遭外國排斥之尊攘派所要求的「**攘夷**」行動。在尊攘派的策劃下，若幕府不執行攘夷，將由天皇親自執行。被迫行動的幕府在無可奈何之下，只好將5月10日設為進行攘夷的日期，並傳達此命令至諸藩。尊攘派的急先鋒長州藩，在攘夷日當天砲轟經過關門海峽的外國船，如果繼續這樣下去，很有可能會演變為與列強的戰爭。

這時會津、薩摩的公武合體派引發政變（**八月十八日的政變**），放逐擁立孝明天皇的京都長州藩兵和激進派的公家，並在1864年新選組引發的**池田屋事件**中，討伐尊攘派的重要人物，將京都的尊攘派徹底擊潰。

長州藩試圖挽回劣勢，朝京都進擊，卻在**禁門之變**中敗北。之後長州藩便成為朝廷之敵，不得不在幕府第一次征伐長州時屈服投降。長州藩內的保守派取代尊攘派崛起，可是**高杉晉作**等人卻成立**奇兵隊**舉兵，尊攘派重新奪回主導權。另一方面，英國艦隊為了報復1863年所發生的英人遭砍殺事件（生麥事件），進而襲擊鹿兒島的薩摩藩。薩摩藩只好放棄攘夷，將方針從尊王攘夷轉變為倒幕開國。由**西鄉隆盛**和**大久保利通**等下級武士掌握實權，將藩論導向**倒幕**。之後在1866年初，原本勢不兩立的薩、長兩藩在京都締結**薩長盟約**，讓倒幕路線一躍成為政局主流。

同年底，堅持執行攘夷的孝明天皇猝逝。1867年，新帝（**明治天皇**）15歲即位，這時朝廷內的中心人物是與薩長同調的**岩倉具視**，全面傾向倒幕，最後終於對薩長下達**倒幕密敕**。

從攘夷至倒幕的過程

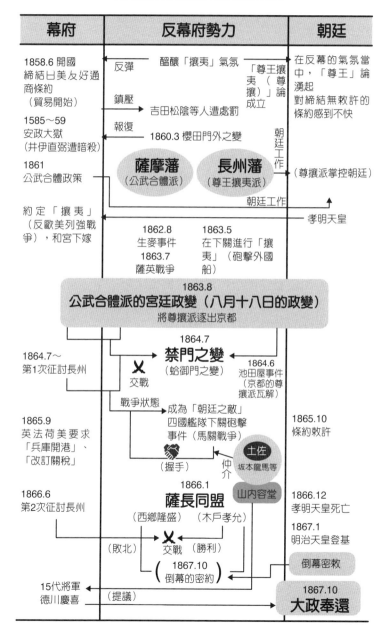

幕府	反幕府勢力	朝廷

1858.6 開國
締結日美友好通
商條約
（貿易開始）

反彈 →

← 醞釀「攘夷」氣氛 →

「尊王攘夷（尊攘）」論成立

鎮壓 →

吉田松陰等人遭處罰

1585～59
安政大獄
（井伊直弼遭暗殺）

報復 →

1860.3 櫻田門外之變

在反幕的氣氛當中，「尊王」論湧起
對締結無敕許的條約感到不快

1861
公武合體政策

薩摩藩
（公武合體派）

長州藩
（尊王攘夷派）

朝廷工作

（尊攘派掌控朝廷）

約定「攘夷」
（反歐美列強戰爭），和宮下嫁

朝廷工作 → 孝明天皇

1862.8
生麥事件
1863.7
薩英戰爭

1863.5
在下關進行「攘夷」（砲擊外國船）

**1863.8
公武合體派的宮廷政變（八月十八日的政變）**
將尊攘派逐出京都

1864.7～
第1次征討長州

**1864.7
禁門之變**
（蛤御門之變）

X 交戰

1864.6
池田屋事件
（京都的尊攘派瓦解）

戰爭狀態 →

成為「朝廷之敵」
四國艦隊下關砲擊事件（馬關戰爭）

1865.9
英法荷美要求
「兵庫開港」、
「改訂關稅」

（握手）

土佐
坂本龍馬等

仲介

1865.10
條約敕許

**1866.1
薩長同盟**
（西鄉隆盛）　（木戶孝允）

山內容堂

1866.6
第2次征討長州

1866.12
孝明天皇死亡

1867.1
明治天皇登基

（敗北）　X 交戰　（勝利）

倒幕密敕

15代將軍
德川慶喜

**1867.10
倒幕的密約**

（提議）

**1867.10
大政奉還**

12

天皇統治的復甦

131

江戶幕府的終結
和王政復古

倒幕密敕於1867年10月14日發布，但在同一天，德川慶喜將軍提出**大政奉還**，並獲得受理。將政權歸還給天皇，並由幕府和諸藩共同扶持天皇，這是幕府的殘存之策。如此一來，朝廷沒有倒幕的理由，密敕也喪失了效力。

倒幕派對此感到相當不滿，便和朝廷的岩倉具視聯手，在12月9日帶領薩摩藩兵進入京都御所，引發政變，剷除採取公武合體路線的公家，發布**王政復古大號令**，宣示要建立天皇親政的新政府，並在當天要求德川慶喜辭去官位，歸還領地（「**辭官納地**」）。

1868年才過完年沒多久，舊幕府軍便從大坂城向京都出兵，可是卻在京都南郊的**鳥羽**、**伏見之戰**中敗北。德川氏變成「朝敵」、「賊軍」，受到官軍的攻擊。之後歷經江戶城無血開城、上野戰爭、會津戰爭等，在1869年榎本武揚等人於箱館的五稜郭投降之前，新政府軍和舊幕府軍之間進行了長達2年多的內戰（**戊辰戰爭**）。

新政府在1868年對江戶城發動總攻擊之前，在3月14日發布**五條誓文**來闡明今後的方針，宣告將會開明地尊重輿論和開國和親（否定攘夷）。

後進一步制定政體書，在以太政官為中心的中央集權底下，建立立法、行政、司法三權分立的政治，以及導入近代國家的新知，採用各種積極進取的構想。

明治新政府的「政見發表」

五條誓文（1868年3月14日）

一、廣興會議，萬機決於公論。
（凡事開會決定，所有事情將尊重世間輿論）

二、上下一心，盛行經綸。
（不問身分高低，團結一心，經營國家）

三、官武一途以至庶民，各逐其志，使人心不倦。
（從官員到百姓，各持目的為生，不可怠惰）

四、破除舊有陋習，以天地之公道為依歸。
（摒除江戶時代的惡習，邁向通用於西洋世界的正確道路）

五、廣求知識於世界，大振皇國之基業。
（導入西洋的學問與技術，支持天皇的國家指導）

大名統治權的喪失

　　1869年，薩摩、長州、土佐、肥前4藩主向天皇提出**版籍奉還**的請願，
希望將大名統治的土地和人民歸還給天皇。其他各藩也效仿此舉，爭相提
出版籍奉還。天皇接受此願，舊藩主雖成爲**知藩事**，但不論實際統治的情
況，以及與舊藩士、領民之間的封建式主從關係並未改變。

　　1871年，薩長土3藩集結了1萬名御親兵到東京，是爲明治政府直屬的
軍隊，政府以此武力爲後盾，進行了**廢藩置縣**政策。縣長官（**縣令**）並非
由舊大名擔任，舊大名的統治權遭到否定。中央派遣的縣令不會長久待在
同一個地方，形成官僚統一管理地方的局面，這時便完成了中央集權的地
方制度。舊大名被規定要居住在東京，並賜予**華族**身分，社會上的地位和
經濟上的特權都受到保障。

　　同年，太政官制也改革爲正院、左院、右院的三院制。由天皇親裁的
正院擁有相當大的行政權，位列於各省之上，太政官幾乎是由出身於薩長
土肥的下級武士擔任，結構上維持了4藩的平衡。廢藩置縣和官制改革讓
舊大名和皇族、公家，以及薩長土肥以外的藩勢力遭到政府排除，形成了
偏重特定藩出身者的「**藩閥政府**」。

　　1872年，政府發布**徵兵告諭**，隔年發出**徵兵令**，規定20歲以上的男子
有義務服3年兵役，明治維新所提倡的四民平等正是國民皆兵（徵兵制）
的基礎。雖然各地出現反對徵兵的農民一揆，但這些「**血稅一揆**」遭到軍
隊鎮壓。1873年設置內務省，負責殖產興業和地方行政，以及統籌全國
的警察組織。

明治初期的中央官制

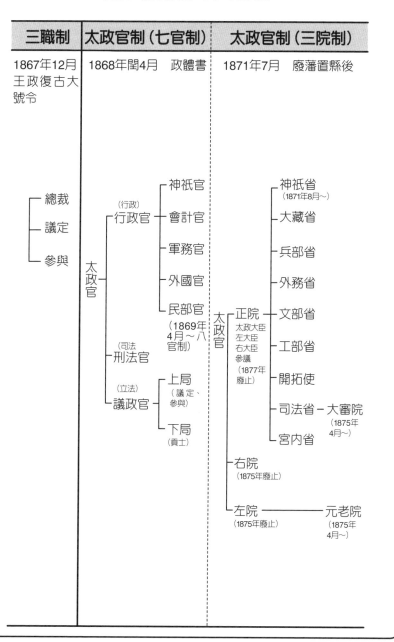

三職制	太政官制（七官制）	太政官制（三院制）
1867年12月 王政復古大 號令	1868年閏4月　政體書	1871年7月　廢藩置縣後

三職制
- 總裁
- 議定
- 參與

太政官制（七官制）

太政官
- （行政）行政官
  - 神祇官
  - 會計官
  - 軍務官
  - 外國官
  - 民部官（1869年4月～八官制）
- （司法）刑法官
- （立法）議政官
  - 上局（議定、參與）
  - 下局（貢士）

太政官制（三院制）

太政官
- 正院
  - 太政大臣
  - 左大臣
  - 右大臣
  - 參議（1877年廢止）
    - 神祇省（1871年8月～）
    - 大藏省
    - 兵部省
    - 外務省
    - 文部省
    - 工部省
    - 開拓使
    - 司法省 ─ 大審院（1875年4月～）
    - 宮内省
- 右院（1875年廢止）
- 左院（1875年廢止） ─── 元老院（1875年4月～）

12

天皇統治的復甦

繳納米糧改為繳納貨幣，導入新時代的稅制

　　新政府的主要財源來自承接舊幕府時代的年貢，但每個藩的稅制和稅率都不同，稅收又會因豐收和歉收而有所變動，無法期待穩定的稅收，於是新政府便進行了土地制度和稅制的大改革。首先在1871年，發布「**田畑勝手作**」許可，准許農民自由栽種作物。隔年解除1643年江戶幕府發布的田畑永代買賣禁止令，並發行地券（**壬申地券**）給地主、自耕農這些負責繳納年貢的人。地券是土地私有權的證明文件，上面會記載土地的價格（**地價**），價格依面積、收穫量、平均米價等決定，這意味著政府認同繳交年貢者可擁有近代的土地。可是地主制底下的佃農，還是一樣沒有所有權。

　　以地券制度為依歸，1873年發布了**地租改正條例**，這些地租改正事業幾乎在1881年全數完成。地券持有者有義務納稅，稅率為**地價**的**3%**，並以**繳納貨幣**來取代江戶時代以來的繳納實物。課稅標準從收穫量改成地價，於是無關豐收歉收、米價變動，都能以貨幣徵收到一定的地租。每年徵收一定金額的稅收，可讓新政府的財政穩定，而農民則是無論收成如何，都得繳納地價的3%稅額。加上政府在推動地租改正時，並未減少過去的年貢收入，因此納稅負擔幾乎和江戶時期沒什麼兩樣。此外，在共同使用的入會地當中，無法證明所有權的土地就會被當成官有地。在種種不滿的累積之下，1874～77年期間，各地出現各種**反對地租改正一揆**。這些一揆的結果，雖然讓地租稅率在1877年下降到2.5%，可是佃農的負擔和封建時期並無太大的差別，地主和佃農的關係仍持續著。佃租的高稅率還是不變，方式也還是用實物繳納。

地租改正

地券確定土地所有權。
獲發地券者為租稅負擔者

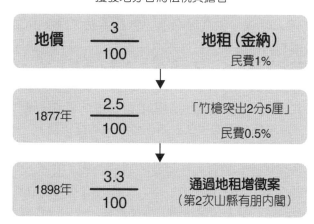

地價	$\dfrac{3}{100}$	地租（金納） 民費1%
1877年	$\dfrac{2.5}{100}$	「竹槍突出2分5厘」 民費0.5%
1898年	$\dfrac{3.3}{100}$	通過地租增徵案 （第2次山縣有朋內閣）

地租改正造成的變化

江戶時代	地租改正後
禁止田畑永代買賣 禁止擅自栽種作物	確立私有權
以石高、收穫為標準	以地價為標準
年貢（以收成為標準）	地租（地價3%為固定稅率）
繳納實物	繳納貨幣
負擔重稅	不變
地主、佃農關係	不變（佃租還是以實物繳交）

▶ **01**

征韓派下台
與大久保政權

1871年，岩倉具視、大久保利通、木戶孝允、伊藤博文等政府代表被派遣至美國和歐洲諸國，進行修改幕末不平等條約的預備性談判及考察，是爲**岩倉使節團**。當中還有留學生伴隨，規模盛大。這時西鄉隆盛和板垣退助等**留守政府**雖推動國內的近代化，但決定不進行重大的政策變更。留守政府後來實行了徵兵制和地租改正作業，但與鄰國朝鮮的談判未有進展，於是便出現使用武力讓朝鮮開國的**征韓論**。

然而岩倉使節團在1873年歸國後，認爲應當以國內政治爲優先，反對西鄉等人所提倡派兵朝鮮的征韓論，於是西鄉、板垣、江藤新平等留守政府的首腦全數下台。隔年，板垣、江藤等人提出**設立民選議院建議書**，抨擊現在的政府是大久保利通的專制政權，要求**設立國會**。

板垣回到土佐並組織**自由民權運動**，相對地，回到佐賀的江藤則在不平士族的推戴之下，引發**佐賀之亂**，後戰敗身亡。之後政府內部剩下以大久保爲中心的集團，西鄉返鄉後也沒有動靜，可是政府還是必須推動近代化，於是實施**秩祿處分**。維新之後，舊藩士和舊幕臣成爲「士族」，可獲得國家賜予的家祿，但這種「秩祿（俸祿）」造成財政極大負擔，因此政府便在1876年發行年間支付額5～14年份的金祿公債證書，將以往的秩祿全面廢除。

再加上同年頒布的**廢刀令**，使士族的不滿達到頂點，連續引發熊本的神風連之亂、秋月之亂、萩之亂等叛亂。隔年接著引發**西南戰爭**。

征韓論爭議和明治6年的政變

右大臣　　岩倉具視（公家）
大藏卿　　大久保利通（薩）
參議　　　木戶孝允（長）
工部大輔　伊藤博文（長）

派遣岩倉使節團（1871）至國外

留守政府

太政大臣　三條實美（公家）
參議　　　西鄉隆盛（薩）陸軍大將
參議　　　板垣退助（土）
參議　　　大隈重信（肥）
參議　　　江藤新平（肥）司法卿

文部卿大木喬任（肥）、兵部大輔山縣有朋（長）
大藏大輔井上馨（長）、外務大輔寺島宗則（薩）
左院議長後藤象二郎（土）、外務卿副島種臣（肥）

不施行重大政策　約定

1872.8　公布學制
　　11　公布國立銀行條例
　　12　採用陽曆
1873.1　公布徵兵令
　　7　公布地租改正條例
　　8　内定派遣西鄉前往朝鮮

西鄉為首的土肥中心政府

1873.5～8歸國
＝＝

歸國組

内治派　→　**對立**　←　**征韓派**

「内治優先論」　　　　　　「征韓論」
以國內政治為優先　　　　　使用武力讓鎖國的朝鮮開國

1873.10 閣議決定派遣西鄉前往朝鮮
→ 岩倉稟奏天皇，決定中止派遣朝鮮

明治6年的政變　西鄉、板垣、江藤、副島、後藤下台

成立大久保主導的薩長中心政權

參議（内務卿）大久保利通
參議木戶孝允　參議（大藏卿）大隈重信
參議（工務卿）伊藤博文　陸軍卿山縣有朋
參議（外務卿）寺島宗則　開拓次官黑田清隆（薩）

藩閥政治的萌芽

　　西鄉隆盛在最大的士族叛亂**西南戰爭**中戰敗而亡，之後以言論爲士族中心的**自由民權運動**勢力逐漸增強。

　　板垣退助成立的立志社，在1875年與各地誕生的政社合體，發展爲**愛國社**。政府在同年公布新聞紙條例、讒謗律，取締言論與出版，卻反而讓反政府的氣勢更爲強盛。這時大久保利通和板垣進行妥協，推出「漸次立憲政體樹立詔書」，宣示設置立法的審議機關元老院、最高法院**大審院**，以及反應地方民情的**地方官會議**。

　　1878年的**紀尾井　之變**中，大久保遭到暗殺，政府頓失重要支柱，但隔年還是按照選舉結果召開**府會**、**縣會**等，政府主導的**立憲政體**逐漸成形。

　　1880年，愛國社全國大會在大阪舉行，並向政府提出**開設國會請願書**，但政府並未受理，反而制定**集會條例**來抑制政治性集會。

　　然而在1881年，藩閥擅自決定以38萬日圓（無利息30分期付款）賤賣已投入了1400萬日圓資金的北海道開拓使之官有財產，引發民權派的憤怒。肥前出身的**大隈重信**也從政府內部主張儘速設立國會，可是薩長集團考慮到若太快成立選舉和議會機制，政權恐怕會落入民權派的手中，於是罷免大隈重信，並提出約定10年後開設國會的詔敕（**開設國會敕諭**）來爭取時間，這就是**明治十四年政變**。民權派成功爭取「開設國會」，確立以伊藤博文等人爲中心的**薩長藩閥政權**，並透過他們之手創建出憲法體制。

自由民權運動和立憲體制的成立

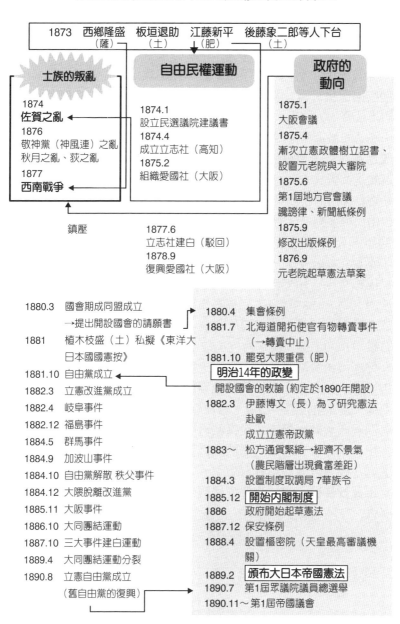

1873　西鄉隆盛　板垣退助　江藤新平　後藤象二郎等人下台
　　　　　（薩）　　（土）　　　（肥）　　　　（土）

士族的叛亂

1874
佐賀之亂
1876
敬神黨（神風連）之亂
秋月之亂、荻之亂
1877
西南戰爭

鎮壓

自由民權運動

1874.1
設立民選議院建議書
1874.4
成立立志社（高知）
1875.2
組織愛國社（大阪）

1877.6
立志社建白（駁回）
1878.9
復興愛國社（大阪）

政府的動向

1875.1
大阪會議
1875.4
漸次立憲政體樹立詔書、
設置元老院與大審院
1875.6
第1屆地方官會議
讒謗律、新聞紙條例
1875.9
修改出版條例
1876.9
元老院起草憲法草案

1880.3　國會期成同盟成立
　　　　→提出開設國會的請願書
1881　　植木枝盛（土）私擬《東洋大
　　　　日本國國憲按》
1881.10　自由黨成立
1882.3　立憲改進黨成立
1882.4　岐阜事件
1882.12　福島事件
1884.5　群馬事件
1884.9　加波山事件
1884.10　自由黨解散　秩父事件
1884.12　大隈脫離改進黨
1885.11　大阪事件
1886.10　大同團結運動
1887.10　三大事件建白運動
1889.4　大同團結運動分裂
1890.8　立憲自由黨成立
　　　　（舊自由黨的復興）

1880.4　集會條例
1881.7　北海道開拓使官有物轉賣事件
　　　　（→轉賣中止）
1881.10　罷免大隈重信（肥）
　　　　明治14年的政變
　　　　開設國會的敕諭（約定於1890年開設）
1882.3　伊藤博文（長）為了研究憲法
　　　　赴歐
　　　　成立立憲帝政黨
1883～　松方通貨緊縮→經濟不景氣
　　　　（農民階層出現貧富差距）
1884.3　設置制度取調局　7華族令
1885.12　**開始內閣制度**
1886　　政府開始起草憲法
1887.12　保安條例
1888.4　設置樞密院（天皇最高審議機
　　　　關）
1889.2　**頒布大日本帝國憲法**
1890.7　第1屆眾議院議員總選舉
1890.11～第1屆帝國議會

13

議會制導入前的軌跡

政黨的組成與挫折

　　受到開設國會之詔，政黨陸續成立。**自由黨**是以從愛國社發展出來的國會期成同盟爲母體，總理爲板垣退助，意見領袖有片岡健吉、河野廣中、植木枝盛、大井憲太郎、中江兆民等人，支持基礎爲士族和地主，走的是法國式的激進派自由主義路線，主張**主權在民、一院制和普通選舉**。**立憲改進黨**擁戴大隈重信爲總理，黨員有前島密、犬養毅、尾崎行雄等人，走的是英國式的漸進式路線，主張民定憲法的**立憲君主制和二院制**，支持基礎爲都市的工商業者和資本家。這兩黨雖爲兩大政黨，但政府卻對這類自由民權運動進行徹底的鎮壓。

　　1880年，大藏卿松方正義的通貨緊縮政策（松方財政）造成物價明顯下滑，不景氣擴及全國，農村的窮困爲民權運動帶來極大的衝擊，地主和農民因經營困苦和生活困難，紛紛退出民權運動，另一方面也出現了激進派的人物。1882年發生了福島事件，薩摩出身的福島縣令三島通庸不顧縣會反對大規模道路工程的決議，強行開工，於是縣會議長河野廣中便召集了3000名農民與之對抗，當中有400餘名遭到檢舉，河野和其他自由黨幹部因內亂陰謀罪而入獄。之後還爆發了高田事件、群馬事件、加波山事件，以及最大規模的**秩父事件**。自由黨幹部因激進派的蜂起而心生動搖，無法阻止這些紛亂，終於在1884年解散。

　　隨著開設國會時限接近，民權派再度集結發起運動。1887年，後藤象二郎提出自由黨和立憲改進黨的**大同團結**，發起**三大事件建白**（「減輕地租」、「要求言論與集會自由」、「挽回外交失策」）運動。可是政府卻推出**保安條例**，強行將民權派趕出東京，並按照原預定頒布憲法，開設國會。

結社和激進事件

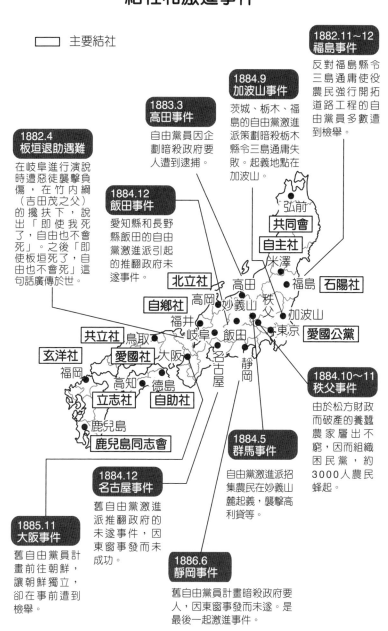

☐ 主要結社

1882.11〜12 福島事件
反對福島縣令三島通庸使役農民強行開拓道路工程的自由黨員多數遭到檢舉。

1884.9 加波山事件
茨城、栃木、福島的自由黨激進派策劃暗殺栃木縣令三島通庸失敗。起義地點在加波山。

1883.3 高田事件
自由黨員因企劃暗殺政府要人遭到逮捕。

1882.4 板垣退助遇難
在岐阜進行演說時遭惡徒襲擊負傷，在竹內綱（吉田茂之父）的攙扶下，說出「即使我死了，自由也不會死」。之後「即使板垣死了，自由也不會死」這句話廣傳於世。

1884.12 飯田事件
愛知縣和長野縣飯田的自由黨激進派引起的推翻政府未遂事件。

1884.10〜11 秩父事件
由於松方財政而破產的養蠶農家層出不窮，因而組織困民黨，約3000人農民蜂起。

1884.5 群馬事件
自由黨激進派招集農民在妙義山麓起義，襲擊高利貸等。

1884.12 名古屋事件
舊自由黨激進派推翻政府的未遂事件，因東窗事發而未成功。

1885.11 大阪事件
舊自由黨員計畫前往朝鮮，讓朝鮮獨立，卻在事前遭到檢舉。

1886.6 靜岡事件
舊自由黨員計畫暗殺政府要人，因東窗事發而未遂。是最後一起激進事件。

地圖標示：弘前、共同會、自主社、米澤、福島、石陽社、北立社、高田、高岡、自鄉社、妙義山、秩父、加波山、福井、岐阜、飯田、東京、愛國公黨、共立社、鳥取、大阪、玄洋社、愛國社、名古屋、靜岡、福岡、高知、德島、立志社、自助社、鹿兒島、鹿兒島同志會

內閣制度和頒布大日本帝國憲法

日本政府在1882年派遣伊藤博文等人前往歐洲考察憲法，伊藤學的是君權強大的德國憲法，隔年回國後，便開始著手準備制定憲法和開設國會。1884年訂定**華族令**，爲將來預定設置的上院（**貴族院**）作爲選舉對象而做準備。

隔年（1885年）廢除太政官制，導入**內閣制度**。地方行政方面也在1888年公布**市制**、**町村制**，1890年公布**府縣制**、**郡制**，確立了地方在政府的監管下由地方有力者承擔行政的制度。

1886年起，以伊藤博文爲中心，**井上毅**、**伊東巳代治**、**金子堅太郎**等人開始祕密起草憲法，經過**樞密院**（天皇的諮詢機關）審議後，於1889年2月11日以天皇之名頒布**大日本帝國憲法**，第一條就是「大日本帝國由萬世一系之天皇統治之」。

此憲法是爲天皇訂頒給國民的「欽定憲法」，在神聖不可侵犯的天皇之下，給予行政府強大權力。立法、行政、司法三權雖分立於天皇主權之下，但都是用來輔佐天皇。至於被稱爲**「臣民」**的國民，可在法律範圍內擁有宗教自由，以及言論、出版、集會、結社的自由。

刑法和治罪法於1880年公布，憲法頒布的隔年則公布了民法、商法、民事訴訟法和刑事訴訟法。由於民法是由法籍法律顧問**博瓦索納德**（Gustave Boissonade）起草的激進產物，廣泛承認個人自由，因此德國流派的法律學者則提出「出民主，忠孝亡」的反論，故無法施行。經過大幅修正之後，**戶主權**強勢的家父長制（家制度）被保留了下來。

大日本帝國憲法下的國家機構

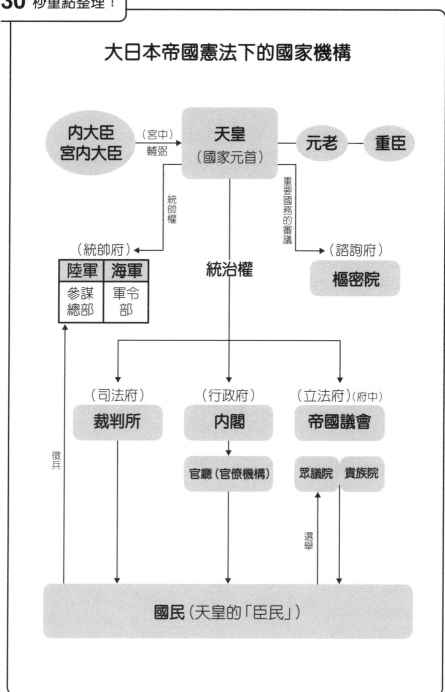

內大臣
宮內大臣

（宮中）
輔弼

天皇
（國家元首）

元老 ── 重臣

統帥權

重要國務的審議

（統帥府）

陸軍	海軍
參謀總部	軍令部

統治權

（諮詢府）

樞密院

徵兵

（司法府）

裁判所

（行政府）

內閣

官廳（官僚機構）

（立法府）（府中）

帝國議會

眾議院　貴族院

選舉

國民（天皇的「臣民」）

初期議會和最初的政黨內閣

頒布憲法、開設議會之際，首相黑田清隆雖採用立憲制度，卻提出了「**超然**」主義，表示政府將獨自推動政策，不會受政黨左右，也就是不管政黨說什麼都不去理會的宣言。隔年（1890年）舉行**第1屆眾議院議員選舉**，僅有滿25歲以上的男子，並繳納國稅15日圓以上的納稅者才有權投票，僅占總人口的1.1%。最後結果爲300名議員當中，自由黨占130人，改進黨占41人，大成會（「吏黨」＝支持政府的黨派）79人，無黨籍45人，自由、改進兩黨（**民黨**）成功達到170餘人，超過半數。**預算案**必須議會承認才能成立，因此民黨視預算審議權爲對抗政府的唯一武器。

民黨主張「**休養民力**」、「**減輕地租**」，政府則以標榜「**富國強兵**」來增加軍事費用。在**初期議會**的第一、二、三議會中，民黨行使預算案的先議權（註：審議前預先交付討論）來與政府對抗。1891年的第二議會中，因海相（註：海軍大臣）樺山資紀的**蠻勇演說**而旋即解散，內相（註：內務大臣）品川彌二郎發動猛烈攻勢干涉選舉，但也未能阻止民黨的勝利。1892年在第四議會中通過內閣彈劾案，但伊藤博文首相遞出天皇的「建艦詔敕」，因而逃過此劫。1894年的第五議會，民黨在經歷解散到總選舉後獲得勝利。第六議會也因通過內閣彈劾案而解散，並規定每年進行2次選舉。但在這個時候爆發**日清戰爭**，這是近代日本第一個對外戰爭，因此廣島召開的第七議會全會，一致通過臨時軍事費。日清戰爭之後，民黨和政府開始合作，1898年爲了阻止第三次伊藤內閣的地租增徵案，自由黨和**進步黨**（舊改進黨）聯合組織憲政黨，伊藤內閣拋出政權，由憲政黨形成第一個政黨內閣，**第1次大隈內閣**就此誕生。

初期議會

1890年	7	第1屆眾議院議員總選舉 →民黨占171／300	① 山縣有朋內閣
	11	第1議會→山縣首相的施政方針演說、主張「增強軍事力」 →民黨以「節省政費」、「休養民力」對抗	
1891年	3	政府因自由黨的部分（土佐派）瓦解，通過部分預算	① 松方正義內閣
	11	第2議會→民黨抵抗軍事預算 樺山資紀海相的「蠻勇演說」＝擁護政府 →議會解散	
1892年	2	第2屆眾議院議員總選舉→品川彌二郎內相的干涉選舉	
		民黨優勢不變 （132／300）	動員地方官、警察官努力讓吏黨當選，但吏黨還是無法獲得勝利。在高知、佐賀、福岡、熊本、千葉出現多數死傷者，當中包含25名死者。	
	5	第3議會→眾議院通過選舉干涉問責決議案 否決軍艦建造費等追加預算	② 伊藤博文內閣
	11	第4議會→政府以「建艦詔敕」逃過一劫 （自由黨與政府接近） （立憲改進黨和國民協會等以條約修改問題與政府對決）	
1893年	11	第5議會→立憲改進黨提倡「對外硬」（反對內地雜居，以及向政府要求勵行現行條約＝對外強硬論），因條約修改問題而引發糾紛→議會解散	
1894年	3	第3屆眾議院議員總選舉→民黨勝利（204／300）	
	5	第6議會→通過內閣彈劾上奏案 決定對朝鮮的甲午農民戰爭出兵 議會解散	
	8	日清戰爭爆發	
	9	第4屆眾議院議員總選舉→自由黨占105、立憲改進黨和國民協會等占120／300	
	10	第7議會（在設有大本營的廣島舉行） 全會一致通過日清戰爭相關的1億5000萬餘日圓軍事預算案和戰爭相關法案	

13

議會制導入前的軌跡

鹿鳴館外交的挫折

　　岩倉使節團的修改條約之預備談判失敗後，政府還是沒有放棄，繼續以廢除領事裁判權（治外法權）和獲得關稅自主權爲目標。前者稱爲「**恢復法權**」，後者稱爲「**恢復稅權**」。

　　1871年，岩倉使節團在第一個訪問國家美國，便放棄了修改條約談判。於是外務卿**寺島宗則**便從1876年起，著重在恢復關稅自主權上進行談判。美國原先幾乎要同意了，卻因英國反對而導致談判失敗。只要有1國反對，就無法修改條約。

　　繼寺島之後擔任外務卿的**井上馨**，在1886年召集各國代表至東京召開修改條約會議，想藉由國際會議一舉修改條約。這是近代日本，也是日本有史以來最大規模的國際會議。因此1883年在日比谷建造了招待外國貴賓的社交場**鹿鳴館**，以展現日本的近代化。

　　1887年，歐美諸國以開放外國人進到日本國內作爲交換，同意廢除領事裁判權。只是有個附加條件，由於當時日本國內的近代法專家並不多，因此必須暫時任用外國人法官。

　　關於這一點，政府內部出現了侵害國家主權的批判聲浪。加上有很多人反對井上譁衆取寵的「鹿鳴館外交」及歐化政策，迫使井上不得不放棄談判。

條約修改談判①

1858年	締結日美友好通商條約等「安政五國條約」 • 承認領事裁判權（治外法權） • 缺乏關稅自主權
1871 ～73年	派遣岩倉使節團 修改條約的預備談判失敗而中止。最後只有在歐美進行考察

1876 ～78年	**寺島宗則外務卿（73～79）** 以恢復稅權為目標與美國進行談判→78年7月，雖然已經簽訂日美關稅修改約書，最惠國待遇受到各國認同，但英、德不同意，因此無效

1882 ～87年	**井上馨外務卿（之後的外相 79～87）** 82　與各國進行修改條約預備會議 83　興建鹿鳴館並開館 86　與各國進行修改條約的正式會議（集團會議） 當被告為外國人時，法官必須有半數以上是外國人，並以適用日本法律的修改（妥協）案進行談判 86.10　諾曼頓號事件　〔英國貨船於紀伊半島外海沉沒，26名英國人全員得救，25名日本人全員溺死。神戶的英領事裁判所判英國船長等人無罪〕 　　　　↓ 民權運動也開始追究起政府懦弱的外交行為→三大事件建白運動 談判無限延期（失敗），辭任外相

完成不平等條約的修訂

　　井上的修改條約談判失敗後，外務大臣（內閣制實施後，外務卿改稱
為外務大臣）**大隈重信**的談判於1888年開始進行。大隈利用井上時期推
出的修正案，也就是只在**大審院**（相當於最高法院）任用外國人法官，
以此和各國進行祕密談判。美國對修改條約採取正向態度而簽約。

　　可是，隔年「泰晤士報」刊出了日本與英國的談判案，這件事也傳到
日本，於是開始出現批判的學者和民間人士。他們認為就連大審院也不
必任用外國法官，而且已違反憲法，甚至連樞密院都出現了批判聲浪。
在國家主義者窮追猛打的恐怖攻擊之下，大隈身負重傷，最後辭去外相
（外務大臣）。

　　下任外相**青木周藏**拒絕任用外國法官，並以廢除治外法權為目標。
原本表現出強烈反對的英國也答應了此事，因為俄羅斯開始推動南下政
策而向日本靠近，英國為了避免日本和俄羅斯聯手，對日本改採和靖態
度。

　　但前來日本的俄羅斯皇太子尼古拉，在簽約前卻遭惡徒襲擊的**大津事
件**，青木只好引咎辭職。

　　但青木仍以駐英公使的身分，在當地持續和英國交涉，並成功締結**日
英通商航海條約**，廢除治外法權，調升關稅，這是發生在陸奧宗光擔任
外相的時期。關稅自主權則是在1911年**小村壽太郎**外相時期簽訂的**日美
（新）通商航海條約**新條約中恢復的。

條約修改談判②

1888～ 1989年	**大隈重信外相（88～89）** 分別與各國祕密談判→和美德俄簽訂以在大審院任用外國法官為條件，廢除領事裁判權的修正條約。在與英談判時，大隈案被刊在「泰晤士報」上，遭到日本國內反對，大隈遭遇炸彈恐怖攻擊。→談判中斷
1891年	**青木周藏外相（88～91）** 廢除領事裁判權的談判→與憂慮俄羅斯進軍東亞的英國談判。英國雖表示理解，但青木卻在大津事件（來日俄皇太子遭傷害事件）中辭去外相。→談判中斷
1894年	**陸奧宗光外相（92～96）** 日清戰爭開戰前，以廢除領事裁判權、開放內地、恢復部分關稅自主權（提升關稅）為內容，簽訂日英通商航海條約 （到97年和其他歐美諸國締結相同條約）
1911年	**小村壽太郎外相（1901～06、08～11）** 02 日英同盟、04～05 日俄戰爭、10 合併韓國 隨著條約期滿，和美英德簽訂新通商航海條約 →完全恢復關稅自主權 完成條約修改

近代日本首次大規模的對外戰爭

　　日本於1875年派遣軍艦前往朝鮮，藉由砲艦外交，締結**日朝友好條規**（江華島條約），讓朝鮮開國。這雖然是對日本有利的不平等條約，但朝鮮國內以近代化為目標的親日派勢力也漸漸崛起。1882年，親清派的王父**大院君**軍隊，對受日本援助進行改革的國王高宗外戚**閔氏**一族發動政變，清軍鎮壓此亂，從此閔氏政權便離開日本，開始依附清朝。

　　1884年，親日派的**金玉均**等獨立黨靠著日本公使館的援助發動政變，但又因為清兵介入而失敗。由於日本也有派兵，因此使日清關係更加惡化。1885年，**伊藤博文**與清朝的**李鴻章**進行對話，決定兩國軍隊皆從朝鮮撤兵，今後要出兵時需互相**事先告知**。在那之後，目標為擴大對朝鮮的影響力的日本，和以清朝為後盾對抗日本軍的朝鮮政府持續對立。1894年，朝鮮發生**甲午農民戰爭**（註：東學黨起義），朝鮮政府向清朝請求援兵，清出兵前向日本通報，日本也以保護公使館和居留民為名目，通知清朝後出兵，日清兩國軍隊在朝鮮對峙，最後進入交戰狀態。

　　日清戰爭就此展開，日本在戰爭中占盡優勢。1895年，雙方透過和談會議締結**下關條約**（註：馬關條約），內容包括①清朝承認**朝鮮獨立**；②割讓遼東半島、台灣、澎湖給日本；③賠款2億兩；④沙市、重慶、蘇州、杭州的開港。日清戰爭花費了2倍以上的國家收入（約2億日圓戰費），日本最終獲得壓倒性的勝利。但由於俄國、德國、法國的三國干涉，勸告日本將**遼東半島**還給清朝，迫使日本政府不得不接受。

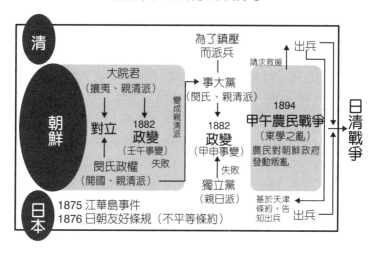

朝鮮和日清的動向

清

朝鮮

大院君
（攘夷、親清派）

對立

閔氏政權
（開國、親清派）

1882
政變
（壬午事變）
失敗

變成親清派

事大黨
（閔氏、親清派）

為了鎮壓
而派兵

1882
政變
（甲申事變）
失敗

獨立黨
（親日派）

請求救援

出兵

1894
甲午農民戰爭
（東學之亂）
農民對朝鮮政府
發動叛亂

基於天津
條約，告
知出兵

出兵

日清戰爭

日本
1875 江華島事件
1876 日朝友好條規（不平等條約）

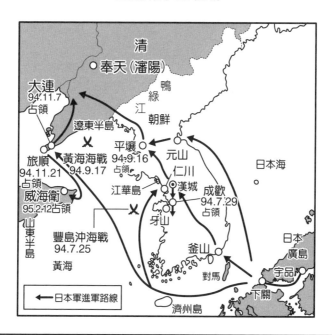

日清戰爭的戰場

清

奉天（瀋陽）

大連
94.11.7
占領

遼東半島

旅順
94.11.21
占領

威海衛
95.2.12占領

山東半島

豐島沖海戰
94.7.25

黃海

黃海海戰
94.9.17

鴨綠江

朝鮮

平壤
94.9.16
占領

元山

仁川

江華島

漢城

牙山

成歡
94.7.29
占領

釜山

對馬

日本海

日本
廣島

宇品

下關

濟州島

← 日本軍進軍路線

以「臥薪嘗膽」為口號
面對日俄戰爭

　　1895年，因三國干涉將遼東半島還給清朝的日本，面對進軍遠東地區的俄國，以「**臥薪嘗膽**」爲口號，持續擴大軍備。

　　另一方面，列強陸續到弱化的清朝設定權利，促使清朝國內發生激烈的排外運動。1899年，高喊「**扶清滅洋**」的**義和團**事件爆發，爲了救援北京的公使館和自家國民，包含日本在內的列強共同出兵。

　　但俄國卻趁此機會占領**滿洲**。韓國（1897年起使用的國號）和陸地與滿洲相連，若滿洲都變成俄國領土，日本在韓國的權益將會受到威脅，因此日俄之間的對立越來越激烈。1902年，爲了準備日俄戰爭，日本和英國締結了屬於軍事同盟的**日英同盟**，而後日本便在1904年正式向俄羅斯宣戰。隔年，日本陸軍在**奉天會戰**獲勝，海軍在**日本海海戰**獲勝。但這時日本的國力已達到極限，爲了停戰，日本委託美國從中調停。若是戰爭長期化，拖到西伯利亞鐵路完成，俄國就能方便補充兵力、武器與彈藥，導致戰況逆轉。而俄國之所以答應談和，是因爲國內革命越演越烈的關係。

　　簽訂談和條約之日，日本國內反對和談的國民大會發生暴動，充斥著對這場戰爭的不滿。這場戰爭的勝利，讓雙方得以締結日俄和談條約（**樸茨茅斯條約**），俄國承認日本對**韓國**的指導、監督權，並將旅順、大連的租借權讓給日本，長春以南的鐵路與附屬權利也都讓給日本。然而卻無法獲得俄國的**賠款**，因此日本國內才會爆發這場反對和談的運動。

遼東半島與三國干涉

◀因三國干涉，日本將在下關條約中割讓給日本的遼東半島還給清國。1898年俄國租借旅順、大連。清國北洋艦隊的基地旅順，變成尋求不凍港的俄羅斯所屬

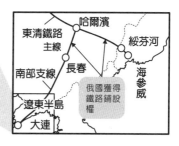

1896年，俄清密約使得俄國獲得東清鐵路主線的鋪設權，1998年的旅順、大連租借條約中，獲准鋪設哈爾濱與旅順間的南部支線

日俄戰爭的戰場

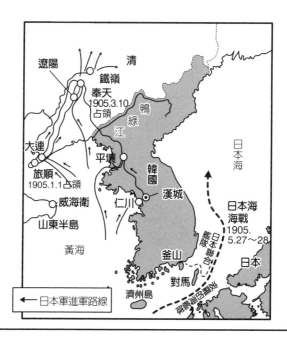

將朝鮮半島納入日本殖民地的「日韓合併」

1904年，**日俄戰爭**爆發後，日本迅速向韓國政府遞出**日韓議定書**，要求韓國答應協助戰爭。接著在**第1次日韓協約**中，同意於韓國政府內設置日本推薦的財政、外交顧問，規定有重要外交案件時，必須事先和日本協議。

另一方面，1905年，日本和美國簽訂**桂・塔虎脫協定**（Katsura-Taft Agreement），日本承認美國在菲律賓的優先權，美國則承認日本在韓國的優先權。同時，日本也修訂了和英國之間的**日英同盟協約**，讓英國承認韓國在戰後成為了日本的保護國。

日本奪走韓國的**外交權**，並設置**統監府**管理韓國外交，初代統監為伊藤博文。對此，韓國的皇帝高宗派出密使，試圖在荷蘭海牙召開的萬國和平會議上，奪回韓國的外交權，最後卻以失敗告終。這反而讓日本以此事為契機，迫使高宗退位，解散韓國軍。

管控韓國的中心人物伊藤博文在1909年10月前往俄國的途中，在滿洲的哈爾濱站前，遭韓國獨立運動家**安重根**暗殺。

於是日本便決定在隔年8月**合併韓國**，徹底消除韓國這個國家的存在，並將「韓國」改成「朝鮮」，「漢城」改成「京城」，設置統治機關**朝鮮總督府**。

日本國內在合併韓國後舉國歡騰，街上出現花電車和舉旗隊伍，石川啄木於是寫下短歌「地圖上，墨跡塗染朝鮮國，聽著秋風」來歌詠。

朝鮮成為日本的殖民地

1895年	4	日清談和、下關條約→清朝承認朝鮮獨立
	10	三國干涉後，日本公使在政變中殺害親俄的閔妃（高宗之妃）
1897年	10	高宗將國號改為「大韓帝國」，以皇帝的身分即位
1904年	2	日俄戰爭爆發（～05）。日本軍事占領韓國 簽訂日本議定書
	5	第1次日韓協約 （在韓國設置日本政府推薦的財政、外交顧問）
1905年	7	桂・塔虎脫協定（美國承認韓國為日本的保護國） 第2次日英同盟協約（英國承認韓國為日本的保護國）
	9	樸茨茅斯條約（俄國承認日本對韓國的指導、監督）
	11	第2次日韓協約 （日本掌握韓國的外交權→成為保護國）
	12	在漢城設置統監府（初代統監伊藤博文）
1907年	6	海牙密使事件（派遣密使到海牙的萬國和平會議，向國際輿論提倡獨立的高宗退位，並讓純宗即位） 第3次日韓協約 （日本掌握韓國內政權，韓國軍解散）
1909年	7	日本閣議決定合併韓國（第2次桂太郎內閣）
	10	安重根在哈爾濱站前暗殺伊藤博文
1910年	8	簽訂韓國合併條約 • 韓國成為日本領土，由日本統治 • 「大韓帝國」改稱為「朝鮮」 • 統監府改組為朝鮮總督府

政府自營的近代產業

　以**富國強兵**為口號的明治政府，試圖自行推動、經營、培育近代產業，也就是**殖產興業政策**。除了以地租改正、秩祿處分來改革稅制與確保財政之外，也廢除了阻礙產業發展的關所、宿驛、助鄉、株仲間和身分制等各種封建制度，並以能夠自由進行經濟活動為前提，招聘**受雇外國人**作為各方面近代的建師，還派遣留學生隨同岩倉使節團出國。

　以1870年設置的工部省為中心，整備各項基礎建設。1872年在新橋、橫濱間，以及1877年在神戶、大阪、京都間**鋪設的鐵道**也是其中一環，連結了開放的港的口和大都市，而東海道線的開通，則是在1889年。1871年發展郵局制度，取代了飛腳（註：江戶、明治時代的信使）。

　1873年成立的內務省，對殖產興業也有很大的幫助，除了經營製絲、紡織等**官營模範工廠**，另外還承接了舊幕府時代的事業，接收佐渡與生野的礦山，以及長崎造船所、舊藩經營的三池碳礦、兵庫造船所等，當作官營事業來經營。此外，在東京和大阪開設砲兵工廠，還致力於擴充舊幕府建設的**橫須賀製鐵所**（造船所）。

　政府於1869年將蝦夷地改稱為北海道，設置開拓使，試圖移植美國式的大農場制度與畜產技術，並從美國請來植物學家克拉克（William Smith Clark），於1876年開設札幌農業學校。1874年以失業的舊武士為中心，設置**屯田兵制度**，進行開拓，並防備北方的俄國。

　在實行殖產興業政策的過程中，三井、岩崎（三菱）等民間企業家受到政府保護，讓他們可在金融、貿易、海運等領域中獨占更多利潤，被稱為**政商**，最後形成財閥。

明治政府的殖產興業和官營事業的轉賣

■ 屯田兵村

（89→北海道煤礦鐵道船(北煤)）

幌內煤礦
（1879～89）

（85→古河市兵衛）

阿仁銅山
（1875～85）

（84→古河市兵衛）

院內銀山
（1875～84）

（84→藤田組）

小坂銀山
（1870～84）

（96→三菱）

佐渡金山
（1870～96）

札幌開拓使麥酒釀造所
（1876～86）

（86→大倉喜八郎）

（87→川崎正藏）

兵庫造船所

釜石鐵山
（1874～87）

（87→田中長兵衛）

（96→三菱）

生野銀山
（1870～96）

新町紡織所

（87→三井）

（88→三井）

（三池煤礦）
（1873～88）

富岡製絲場

（93→三井）

（82→廣島綿絲紡織會社）

廣島紡織所

（87→三菱）

長崎造船所

千住製絨所

（88→陸軍省管轄）

東京砲兵工廠

三田育種場
（1877～86）

深川水泥製造所

（87→淺野總一郎）

品川硝子製造所

（85→西村勝三等人）

高島煤礦
（1874）

（74→後藤象二郎、
81→三菱）

橫須賀造船所

（72→海軍省管轄）

石川島造船所

（76→平野富二）

敷根火藥製造所

愛知紡織所

（86→篠田直方）

大阪砲兵工廠

札幌

東京

神戶

大阪

廣島

長崎
鹿兒島

財政重建政策
和日本銀行的成立

　　明治政府因為**秩祿處分**以及士族的叛亂，加上為了籌措西南戰爭的戰費，浮濫發行**不兌換紙幣**，導致紙幣價值下滑，引發嚴重的通貨膨脹。不兌換紙幣是指無法保障能夠兌換**正貨**（金、銀貨等的本位貨幣）、僅以政府的信用所流通的紙幣。政府的主要收入是以紙幣繳納的定額地租，通貨膨脹導致政府收入產生實質上的減少，使財政更加困難。

　　1880年起，政府開始以大藏卿**大隈重信**為中心，設立酒造稅，轉賣官營工廠，設法重建財政。薩摩出身的**松方正義**大藏卿也開始整理不兌換紙幣，並以增稅來增加歲收，且徹底緊縮軍事以外的支出。他在處理多餘的不兌換紙幣的同時，也開始儲蓄本位貨幣。1882年**日本銀行**成立，1885年開始發放可兌換銀貨的銀行券，重新整頓**銀本位貨幣制度**。這時歐美都已改用紙幣和金貨連動的金本位制，而日本則是先從銀本位制出發。

　　通貨穩定後，1880年的下半年，**鐵路、紡織業界**掀起一股創業熱潮，可是卻因通貨緊縮的關係，稻米、蠶繭等物價出現顯著下跌。在農村，因增稅及必須以貨幣繳納定額地租的關係，自耕農放棄土地、轉為佃農的狀況層出不窮。而獲得這些農地的地主則擁有廣大的土地，於是便出現只要從佃農身上收取佃租即可獲利的寄生地主，他們將這些財富拿去投資股份有限公司。另一方面，部分失去土地的農民也流向都市，成為工廠勞動者。

松方財政

1876 修改國立銀行條例 ────────▶ 國立銀行增加
廢除正貨兌換義務

　　　　　　　　　　　　　　　▶ **濫發不兌換紙幣**

1877 為了西南戰爭等
籌措戰費

- 紙幣價值下滑
- 因出口大於入口，導致正貨（金）存有量減少

通貨膨脹

松方正義大藏卿　　**松方財政**　　通貨緊縮政策

1882

增加歲入的政策　　**減少歲出的政策**　　**設立日本銀行**

- 增稅（增收酒造稅等）
- 地租以定額貨幣繳納

- 削減軍事費以外的行政費用→轉賣官營事業
- 處理不兌換紙幣

83
再度修改國立銀行條例
（→剝奪國立銀行的銀行券發行權）
85
日本銀行發行可兌換銀貨的銀行券
86
開始兌換政府紙幣

自耕農的沒落
→成為佃農

寄生地主制

進展

減少紙幣的流通量（儲蓄本位貨幣）

**資本主義化
產業革命**（以紡織業中心）⎫ 開始、促進

確立以銀為本位的貨幣制度（銀本位制）

物價穩定

民間產業活躍，公司成立熱潮
（企業蓬勃／鐵路、紡織）

民間資本的成長（從政商到財閥）、出現領薪水的勞動者

企業興起的反動

1890年恐慌　（1889年作物歉收和生絲出口量減半，金融機關資金不足）

▶ 03
以紡織業為中心的產業革命

20世紀初期，日本的出口商品幾乎有一半是生絲、絹織品、棉絲、棉織品等**纖維製品**，當中生絲還是幕末開港時期的出口商品之冠。生絲的原料（繭）可100%在日本國內生產，因此不需要從國外進口原料，是**賺取外幣**的優良產品。政府也致力於民間工業的近代化，並以擴大生絲生產當作殖產興業的主力，渴望藉此消除貿易赤字。1872年在群馬縣設置富岡製絲場。另外還導入並普及法國的先進技術，以及培育女工。

日清戰爭後，**機械製絲**的生產量超越了手動的**座繰製絲**。群馬、山梨、長野等養蠶地帶陸續出現小工廠。1909年，日本超過清國成為世界最大的生絲出口國，**美國**是最大宗的出口對象。

生產棉絲的**紡織業**是和國民的日常衣物息息相關的重要產業。當初受到進口英國棉製品的影響，日本國內的棉花栽培、棉絲·棉織品生產逐漸式微，之後衣物類便繼續仰賴國外進口。就在這個時候，日本以進口的棉絲為原料，引進「飛梭」，改良了手織機。農村的問屋制家內工業（註：商人貸款給小生產者進行製造，再獨占產品銷售）的棉織品產業雖因此恢復景氣，但紡織業之所以會變得近代化，是受到1883年澀澤榮一等人成立的**大阪紡織會社**的影響。這間會社使用進口紡織機械與蒸氣機關，成功進行大規模經營，受到此刺激，以大阪為中心的**機械制生產**開始激增。日清戰爭時期，**棉絲出口**到中國與朝鮮的數量增加；1897年出口量超過了進口量；同年，豐田佐吉等人發明了國產動力織布機，並將此動力織布機導入農村的家內工業，使之逐漸轉型為小型工廠，促進棉織品業的發達。然而這段期間因國內的棉作衰退，**棉花**原料不得不仰賴進口。

進出口商品的比例

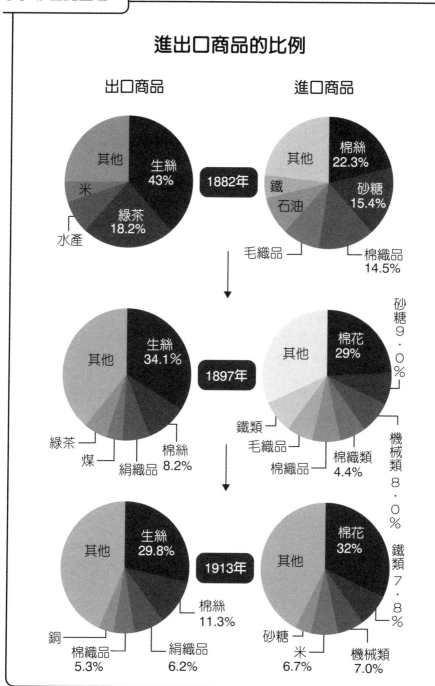

出口商品　　　　　進口商品

1882年

其他
生絲
43%
米
綠茶
18.2%
水產

棉絲
22.3%
其他
鐵
石油
砂糖
15.4%
毛織品
棉織品
14.5%

1897年

生絲
34.1%
其他
綠茶
煤
絹織品
棉絲
8.2%

棉花
29%
其他
砂糖９・０％
鐵類
毛織品
棉織品
機械類８・０％
棉織類
4.4%

1913年

生絲
29.8%
其他
銅
棉織品
5.3%
絹織品
6.2%
棉絲
11.3%

棉花
32%
其他
砂糖
米
6.7%
機械類
7.0%
鐵類７・８％

發展製鐵業以推動重工業近代化

　　明治政府推動的產業近代化政策，試圖讓手工業轉型為**工廠制機械工業**。輕工業在日清戰爭時期達成目標，因此接下來的目標是重工業的近代化。其象徵就是官營的**八幡製鐵所**。

　　普魯士王國（德意志帝國）的首相俾斯麥曾說過「鐵就是國家」，19世紀的鋼鐵生產量正是象徵一國國力的指標。日本幕末時期就在法國技術的支援下建造了被稱為**「橫須賀製鐵所」**的橫須賀造船所，因此鋼鐵業和機械工業早已引進日本，只是當時規模還很小。為了在國內生產鋼鐵，日本開始將正式發展製鐵業當作國家目標。

　　1892年，政府開始計畫建設國營製鐵所，設置了製鐵事業調查委員會，並呼籲三井和岩崎（三菱）振興製鐵事業。但或許是因為投入鉅額資金推動大事業是很危險的行為，所以當時沒有企業願意投資。於是政府便從德國引進設備和技術，建造**官營八幡製鐵所**，並於1901年開業。石灰可從筑豐的煤田取得，但國內的鐵礦石採掘量很少，於是就與清國的大冶鐵山簽訂長期進口合約。

　　日本此時還沒擺脫將生絲這類半製品出口給先進國家，再從先進國家進口織品、鋼鐵、機械等工業產品這樣殖民地型的結構。因此向中國與朝鮮等亞洲地區出口工業製品，成為了日本的國家目標。

日本產業革命時期的重工業和輕工業

輕工業	重工業
日清戰爭前後	日俄戰爭前後
紡織業…重要出口產業 　　　　向中國與朝鮮出口的棉絲 　　　　激增 （1897年，出口量超過進口量） 製絲業…養蠶農家為基礎 （日清戰爭後，機械製絲的生產量 超過座繰製絲的生產量） 1909年 成為世界最大的生絲輸出 國	鐵路…日清戰爭後，出現成立民營 　　　鐵路公司的熱潮 鋼鐵業…使用日清戰爭的賠償金， 　　　　在1901年開設官營八幡 　　　　製鐵所（東洋第一的製 　　　　鐵所，約占國內生產的 　　　　80%，成為日本重工業發 　　　　展的基石） 1907年 設立民間的日本製鋼所 電力事業…大都市電燈普及

↓

1909年　三井合名會社成立控股公司。
　　　　之後，三菱、住友、安田也成為相同形態（財閥化）

▶ 05

追上列強的通貨制度

　　爲了實現近代化產業，建立近代化的通貨制度是不可或缺的。江戶時代使用的是「**三貨**」，也就是以金貨、銀貨、銅錢爲通貨的經濟。

　　明治政府於1871年制定**新貨條例**，將通貨單位統一爲圓、錢、厘，並仿效歐美的通貨制度，採用1圓等於黃金1.5克的**金本位制**，1圓紙鈔可交換（兌換）1圓（黃金1.5g）金貨。但由於無法準備足夠的金貨量，因此也可以兌換銀貨。

　　之後於1872年公布**國立銀行條例**。依此條例設立了153間國立銀行，卻沒有確立兌換制度；直到1882年因爲設置了中央銀行（日本銀行），所以只有日本銀行可發行紙幣。

　　接著在松方財政之下儲蓄銀貨，實現銀本位制。到了1880年後半，出現鐵路和紡織公司的成立熱潮，方能推動正式使用機械技術的產業革命。

　　日清戰爭勝利後，日本使用下關條約獲得的鉅額**賠償金**，以此代替金貨，在1897年依**貨幣法**改爲金本位制。只是在新貨條例階段時，匯率還不是1圓＝金1.5g（100圓＝黃金150g），而是1圓＝金0.75g（100圓＝黃金75g）。

　　第一次修改條約恢復了治外法權，第二次修改條約恢復了關稅，經過這兩個階段之後，日本等同於追上了歐美。從銀本位制轉換成金本位制，通貨制度也透過這兩個階段，讓日本成爲與歐美並駕齊驅的強國。

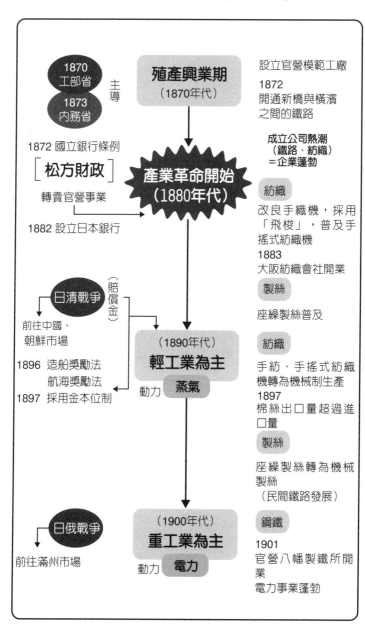

產業革命和資本主義的發展

統治滿洲的核心：
「滿鐵」

　　從日俄戰爭開始，日本便在滿洲各個占領地設置軍政署，執行軍隊統治。即使**樸茨茅斯條約**規定日、俄兩軍必須從滿洲撤兵，日本軍仍以總部設置於遼陽的**關東總督府**繼續執行軍政。

　　根據樸茨茅斯條約，俄國讓給日本的東清鐵路南部支線，雖一時和美國的「鐵路王」哈里曼（Edward H. Harriman）締結了共同經營的**桂‧哈里曼協定**，但因外相小村壽太郎的反對而廢棄。最後採用國策會社，僅以日本資本經營此鐵路的方針，於是**南滿洲鐵道株式會社**（滿鐵）就此誕生，在台灣經營有成的**後藤新平**擔任第一任總裁。

　　滿鐵除了經營鐵路之外，還經營煤礦、製鐵所、水運業、港灣事業、倉庫業、飯店經營等，不斷擴大事業範圍，並在到長春的滿鐵沿線及市區的滿鐵附屬地發展教育、衛生、土木事業等，成為統治滿洲的核心。

　　1906年，關東總督府改組，設置**關東都督府**。都督的權限包含管轄**關東州**（包含旅順、大連的遼東半島南端和滿鐵附屬地的租借地）的行政事務、監督滿鐵的業務、統率在滿軍隊等。都督由陸軍大將或中將擔任，以保存軍隊的影響力。

　　另一方面，在合併韓國的隔年，即1911年至次年因發生辛亥革命，清朝滅亡，**中華民國**成立。日本政府考慮到列國的意向和國內的財政情況，對此採取不干涉的態度。

關東州與日本進軍滿洲

1905年	9	樸茨茅斯條約 （租借包含旅順、大連的遼東半島 讓渡長春以南的鐵路與附屬權益等）
1906年	8	設置關東都督府
	11	成立南滿洲鐵道株式會社
1907年	7	第1次日俄協約 ……日俄互相承認日本在朝鮮及俄國在外蒙古的特殊權益，並在滿洲南北部設定各自的權益範圍
1909年	12	美國提出滿洲鐵路中立化案（國際財團的滿鐵營運案）
1910年	7	第2次日俄協約 ……對抗美國的滿洲鐵道中立化案，規定滿洲維持現狀並協助確保鐵路權益
1911年	10	辛亥革命開始
1912年	7	第3次日俄協約 ……針對辛亥革命，約定分割內蒙古的利益範圍

立憲政友會的成立

　　1890年開設議會以來，藩閥政府與政黨對立了10年之久，終於在1900年**立憲政友會**誕生後迎來新的階段。

　　初期議會時期的兩大政黨──**自由黨**（黨首板垣退助）和**進步黨**（黨首大隈重信），於1898年接受第三次伊藤內閣總辭，共同成立**憲政黨**，獲得過半數席次後，組織了日本最初的政黨內閣，但在僅僅4個月後，又再度分裂爲舊自由系的憲政黨和舊進步黨系的憲政本黨。

　　伊藤博文雖然爲了日本的發展，採取完全無視政黨的「超然主義」，但他在議會中學習到超然政府所能做的事其實有限，所以向擁有預算先議權的政黨妥協是不可或缺的。於是伊藤便和同系統的官僚與憲政黨聯合，組成**立憲政友會**。

　　憲政黨雖然以次期政權爲憲政黨內閣爲條件，提攜山縣有朋內閣，但或許是認知到自己缺乏政權擔當能力，於是選擇了迎接元老伊藤當總裁，以新黨姿態踏上政權的道路吧。

　　立憲政友會成立2個月後，在1900年10月成立了第四次伊藤博文內閣，可是卻因閣內對立，短短半年便已瓦解。

　　和伊藤並列長州閥元老的山縣有朋策劃，讓長州出身的陸軍大將桂太郎擔任後繼內閣，並於1901年成功成立第一次桂內閣。閣僚雖被山縣系官僚占據，並遭批評爲「小山縣內閣」，但桂內閣的誕生卻給人政權負責人從伊藤、山縣、松方、井上等這些維新以來的政治家，正式傳承到下一世代的印象。

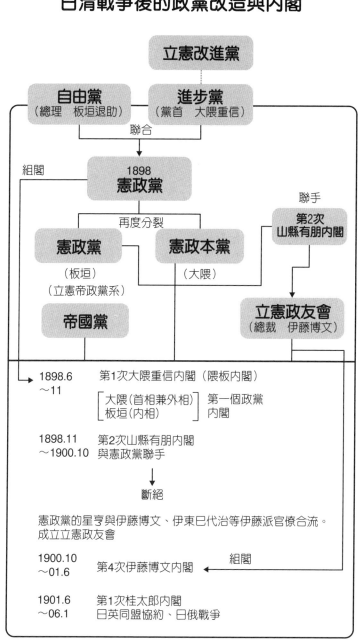

日清戰爭後的政黨改造與内閣

立憲改進黨

自由黨
（總理　板垣退助）

進步黨
（黨首　大隈重信）

聯合

組閣

1898
憲政黨

再度分裂

聯手

第2次
山縣有朋内閣

憲政黨
（板垣）
（立憲帝政黨系）

憲政本黨
（大隈）

帝國黨

立憲政友會
（總裁　伊藤博文）

1898.6
～11

第1次大隈重信内閣（隈板内閣）

［大隈（首相兼外相）
板垣（内相）
］

第一個政黨
内閣

1898.11
～1900.10

第2次山縣有朋内閣
與憲政黨聯手

↓

斷絕

憲政黨的星亨與伊藤博文、伊東巳代治等伊藤派官僚合流。
成立立憲政友會

1900.10
～01.6

組閣

第4次伊藤博文内閣

1901.6
～06.1

第1次桂太郎内閣
日英同盟協約、日俄戰爭

政治性妥協下不透明的
桂園時代

　　第一次**桂太郎**內閣成立初期就不斷與政黨對立，後來因**日俄戰爭**爆發才消除，完成長達4年的長期政權。在此期間，在野黨**立憲政友會**提出擴充鐵路與港灣的公約，成功獲得地方有權者的支持。1906年，第二代立憲政友會總裁**西園寺公望**組閣，**鐵道國有法**，實現主要幹線國有化。可是卻因1907年的恐慌，讓政策出現紕漏，雖在隔年的選舉中大獲全勝，但還是將政權讓給了桂太郎。

　　第二次桂內閣以內務省爲中心，推動**地方改良運動**。將江戶時代以來村落共同體的舊町村，重新編成新的町村，並將以往當作肥料、薪炭提供地的村落共有林野改制町村共有財產，在此種植樹木，經營林業，目的是要以藉收入填補町村費用。此外還合併神社，將地區信仰整併成一元的**國家神道**，這是爲了統一國家精神。這樣的新町村強化了內務省和文部省的連結，並成爲從「底部」支持大日本帝國的行政單位。第二次桂內閣在強行**合併韓國**之後，在1911年將內閣讓給西園寺。

　　第二次西園寺內閣在組閣的次年，經歷了明治天皇駕崩和大正天皇即位，東京帝大教授美濃部達吉提出的天皇機關說，大正新時代正因如此而展開。西園寺內閣又在1912年底將內閣讓給桂。長州、陸軍閥的桂，和公家出身的政黨黨首西園寺，就這樣從明治末年到大正時代，約有10年以上的時間互相交換內閣，故被稱爲「**桂園時代**」。桂和西園寺兩位個性迥異的人輪流交換政權，表示當時的政黨、軍部與官僚的勢力各占一半，同時也可說是一種妥協性的政治協調。

桂園時代

1901.6	1902年	1	第1次日英同盟協約
	1904年	2	爆發日俄戰爭
		8	第1次日韓協約
	1905年	7	桂•塔虎脫協定
桂太郎內閣 第1次		8	第2次日英同盟協約
		9	樸茨茅斯條約
1906.1		11	第2次日韓協約
	1906年	2	在漢城開設統監府
		3	鐵道國有法
西園寺公望內閣 第1次		8	在旅順設置關東都督府
		11	成立南滿洲鐵道株式會社
1908.7	1907年	7	第3次日韓協約、第1次日俄協約
	1909年	10	伊藤博文在哈爾濱站前遭暗殺 推動地方改良運動
	1910年	5	大逆事件
桂太郎內閣 第2次		7	第2次日俄協約
		8	合併韓國
1911.8	1911年	2	日美通商航海條約（完全恢復關稅自主權） 小村壽太郎外相

從「藩閥」到政黨、官僚、大將

第二次西園寺內閣垮台的原因在於**軍備擴張問題**。日本與美國之間的對立，因滿洲問題變得越來越嚴重，於是日本海軍便以美國爲假想敵，要求大幅擴充軍備，陸軍也提出了擴充要求。但西園寺內閣打算優先擴充海軍軍備，於是拒絕了陸軍的要求。隨後陸軍大臣上原勇作便提出辭職，並且沒有推薦下一任陸軍大臣人選。陸、海軍大臣按規定要由現役軍人擔任，若軍隊沒有推薦現役軍人，則無法組閣，於是西園寺內閣便被迫總辭。

之後，不出所料地成立了反政黨的第三次桂內閣，但若是輕易認同此惡例，軍人今後就可以直接拉下不滿意的內閣大臣，使之倒閣；如此一來，就無法成立以國民輿論爲後盾的政黨政治。感受到此危機後，**立憲政友會**的尾崎行雄、**立憲國民黨**（憲政本黨的後繼者）的犬養毅身先士卒，連同議員、學者、新聞記者、工商業者、民眾等一起發出「擁護憲政」、「打破閥族」的口號，高喊打倒桂內閣，反對薩長藩閥。此時桂試圖成立非立憲政友會系的新黨，打算脫離元老政治來延續政治生命；但立憲政友會和國民黨對內閣提出了不信任案，數千名群眾包圍議會，發動示威遊行，最後桂內閣只好總辭。

下一任內閣由薩摩出身的海軍大將**山本權兵衛**，以在野黨立憲政友會的身分組閣。他修正了**軍部大臣現役武官制**，將大臣資格擴大到預備、後備役的大、中將，但之後卻在1914年爆發海軍高官採購軍需品時，向德國西門子公司收賄一事，使民眾再度掀起抗議行動，因此只好退出內閣。

日本在1910年合併韓國、1911年恢復關稅自主權，解決了一些維新以來的懸案，國內也從藩閥轉變爲政黨、官僚、將的多元化時期。

大正政變（桂園時代的終結）

1911.8	1911年	10	辛亥革命（清滅亡→1912.1 中華民國建國）
第2次西園寺公望內閣	1912年	7	第3次日俄協約 明治天皇歿
		11	閣議中否決陸軍的2個師團增設案
1912.12		12	上原勇作陸相使用帷幄上奏權單獨辭職 →內閣總辭職
第3次桂太郎內閣		12	第1次護憲運動（「擁護憲政」、「打破閥族」）
1913.2	1913年	2	立憲政友會（尾崎行雄）、立憲國民黨（犬養毅）提出內閣不信任案 →組閣53天內閣總辭職（大正政變）
第1次山本權兵衛內閣		5	抗議加州外國人土地法（排日土地法）
		6	修改軍部大臣現役武官制 （擴大至預備、後備役）
1914.4	1914年	1	西門子事件（海軍貪污事件） →內閣總辭職

16

「大國化的日本」

成為國際聯盟的
常任理事國

　　歐洲方面，英法爲了對抗德國，在1904年締結**英法協約**；俄國則因日俄戰爭敗北，於是從遠東地區轉爲進軍巴爾幹半島，並於1907年締結**英俄協約**，成爲英法俄**三國協約**，形成與德奧義三國同盟對立的狀態。日本則以**日英同盟協約**爲基軸，與俄法締結**日俄協約**與**日法協約**。

　　1914年在波斯尼亞首都發生的**塞拉耶佛事件**，是讓德奧的同盟國和英法俄的協約國爆發二分歐洲大戰的導火線。日本覺得這是獲得遠東地區權益的好機會，於是以日英同盟爲由向德國宣戰，並占領了德國在中國的根據地**青島**和**德領南洋群島**，並向中國提出繼承德國在山東省的權益等**二十一條要求**，大多數獲得了認可。

　　1917年美國也加入戰爭。爲了避免日本更進一步侵占中國，美國和日本締結了協定，美國承認日本在中國的「特殊權益」，但日本必須保障中國的「領土保全」、「門戶開放」、「機會均等」。接著**俄國革命**爆發，新成立的**蘇維埃聯邦**與德國單獨議和。英法等協約國擔心東部戰線會瓦解，世界第一個社會主義國家會就此誕生，於是對內戰中的俄國發動干涉戰爭，1918年日本也派兵至西伯利亞、北滿洲，卻一無所獲。同年，德國投降，次年在凡爾賽宮締結談和條約，結束這場大戰。列國從西伯利亞撤兵，但日本持續駐兵到1922年。

　　在歐洲戰火連綿之際，坐享戰爭特需之利的日本，在**凡爾賽條約**中，成功繼承了**德國在中國的權益**，赤道以北的**舊德領南洋群島**也成爲日本的委任統治領地。日本身爲戰勝國的五大國（美英法義日）之一，也順理成章地成爲**國際聯盟**的常任理事國，大大提升了在國際上的發言權。

30 秒重點整理！

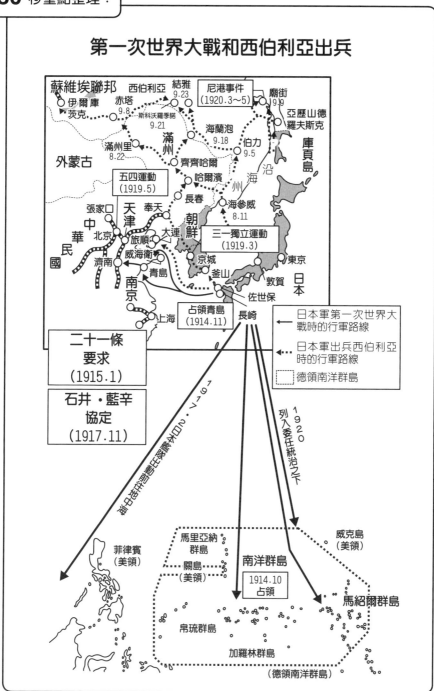

第一次世界大戰和西伯利亞出兵

蘇維埃聯邦
伊爾庫
茨克

西伯利亞
赤塔
9.8

結雅
9.23

尼港事件
(1920.3～5)

廟街
9.9

亞歷山德
羅夫斯克

庫頁島

斯科沃羅季諾
9.21

海蘭泡
9.18

伯力
9.5

沿

海

州

滿州里
8.22

滿州

齊齊哈爾

哈爾濱

外蒙古

五四運動
(1919.5)

長春

海參威
8.11

張家口

天津

奉天

朝鮮

三一獨立運動
(1919.3)

中
華
民
國

北京

旅順

大連

威海衛

濟南

青島

京城

釜山

東京

日
本

敦賀

南京

佐世保

上海

占領青島
(1914.11)

長崎

二十一條
要求
(1915.1)

石井・藍辛
協定
(1917.11)

日本軍第一次世界大
戰時的行軍路線

日本軍出兵西伯利亞
時的行軍路線

德領南洋群島

1920 列入委任統治之下

南洋群島日軍的行軍路線（1914.10～）

菲律賓
(美領)

馬里亞納
群島

關島
(美領)

南洋群島

1914.10
占領

威克島
(美領)

馬紹爾群島

帛琉群島

加羅林群島

（德領南洋群島）

民眾意識覺醒
和大正民主

　　第一次世界大戰是動員國民的全面戰爭，之後歐洲各國紛紛出現要求擴張勞動者權利和訴求讓國民參加政治的聲音。日本方面，民眾也因為經歷過米騷動後變得很有自信，於是開始掀起提倡擴充權利的**民主風潮**，民眾意識的覺醒以**社會運動**的形式呈現。

　　經濟產業在世界大戰中急速發展，男性勞動者大幅增加。隨著物價上漲，要求提升薪資的**勞動運動**也開始盛行。勞動爭議的案件激增，1912年鈴木文治以提升勞動階級地位和培育勞動工會為目的所組織的**友愛會**，之後發展為勞動工會的全國性組織，並於1919年改名為**大日本勞動總同盟友愛會**。1920年舉辦了第一屆勞動節活動，1921年改名為**日本勞動總同盟**，從勞資協調轉為**階級鬥爭主義**。

　　佃農必須以實物繳納佃租，且稅率和江戶時代差不多，讓佃農們苦不堪言。於是這時也頻繁出現要求降低佃租，以及改繳納貨幣的佃農爭議。1922年**日本農民組合**成立。

　　以1911年平塚雷鳥等人組成的**青鞜社**為首，開始出現透過文學來解放女性的運動。1920年，平塚與市川房枝等人成立**新婦人協會**，要求婦人參政權，進行提升女性地位的運動。

　　廢除差別部落的反歧視運動也正式展開，1922年**全國水平社**成立。

　　社會主義運動越來越盛行，1920年受到俄國革命影響，出現大杉榮等無政府主義者和共產主義者。此外，接受吉野作造的**民本主義**的新人會等學生團也隨之誕生。提倡社會主義的團體受到俄國革命影響，組成了**日本共產黨**。

大正民主 社會運動的蓬勃

1900年	3	實施治安警察法 （為了取締日清戰爭後高漲的勞動運動）
1901年	5	幸德秋水、片山潛、安部磯雄、木下尚江等人組成社會民主黨 （最初的社會主義政黨）。因治安警察法立即遭禁止
1903年	11	幸德、堺利彥等人成立平民社，發行《平民新聞》
1904年	9	與謝野晶子在《明星》發表「君勿死去」的詩句
1906年	1	幸德、堺、片山等人成立日本社會黨（第一個公認的社會主義政黨）
1907年	2	足尾銅山爭議
	6	別子銅山爭議
1910年	6	大逆事件（→社會主義運動邁向「冬季時代」）
1911年	6	平塚雷鳥等人成立青鞜社，9創刊《青鞜》
1912年	8	鈴木文治成立友愛會
	12	第1次護憲運動
1916年	1	吉野作造在《中央公論》發表〈論憲政之本義兼論達成其最終完善之途徑〉
1918年	7	從富山的「女一揆」造成米騷動擴大至3府36縣
	12	成立黎明會、新人會
1919年	8	北一輝、大川周明等人成立猶存社 友愛會變成大日本勞動總同盟友愛會
1920年	1	森戶事件（東大副教授森戶辰男的克魯泡特金研究論文被當成危險思想，森戶和大內兵衛遭到停職處分）
	2	八幡製鐵所爭議
	3	平塚雷鳥、市川房枝等人成立新婦人協會
	5	第1屆勞動節（東京的上野公園約有5000名勞動者）
	12	日本社會主義同盟成立（隔年5月遭令解散而瓦解）
1921年	4	伊藤野枝、山川菊榮等人成立赤瀾會
	7	神戶的三菱、川崎兩造船所爭議
	10	大日本勞動總同盟友愛會變成日本勞動總同盟
1922年	3	西光萬吉等人成立全國水平社
	4	杉山元次郎、賀川豐彥等人成立日本農民組合
	7	日本共產黨成立（非合法）
	11	新潟縣木崎村佃農爭議
1923年	9	關東大震災（→龜戶事件、甘粕事件）
1924年	7	公布佃農調停法（12 實施）
	12	市川房枝等人成立婦人參政權獲得期成同盟會
1925年	3	公布治安維持法、普通選舉法
	5	日本勞動總同盟分裂 （→左派除名。左派成立日本勞動組合評議會）
	12	成立農民勞動黨（立即遭禁止）

17

進步的民主主義

▶ 02
大戰後確立的新國際秩序

　　第一次世界大戰於1918年停戰。隔年在巴黎召開和談會議，當時簽訂的**凡爾賽條約**中規定，德國需支付鉅額賠款（約現在的200兆日圓）（註：約60兆台幣），同時得限制軍備，並割讓一部分本國領土。於是東歐便誕生許多以「**民族自決**」爲原則的獨立國家。另外也成立了和平解決國際紛爭和提供國際協助的**國際聯盟**。這種以凡爾賽條約爲依歸的歐洲新國際秩序，被稱爲**凡爾賽體制**。

　　大戰後，美國的影響力越來越大。美國支援德國復興產業，協助賠償金支付，接受賠償金的英、法、義向美國償還戰爭中的債務。此外，在大戰中明顯進軍中國的日本，以及因革命而誕生的蘇維埃政權，都是戰後重要的課題。

　　美國在1921年爲了審議海軍裁軍，以及太平洋乃在遠東問題，召開了**華盛頓會議**。首先在美英日法之間，締結了**4國條約**，決議讓太平洋上的諸島維持現狀，並討論解決太平洋問題的糾紛原因，日英同盟在此瓦解。次年（1922年），美英日法義5大國加上擁有中國權益的比利時、荷蘭、葡萄牙及中國，締結了**九國條約**，約定要尊重中國領土和主權，並讓各國在中國的經濟方面門戶開放、機會均等。最後5國之間再締結**華盛頓海軍裁軍條約**，規定各國**主力艦**的總噸比爲美英各5、日3、法義各1.67，並規定今後10年內，儘管戰艦老舊，也不得建造替代船艦。日中之間也順勢締結了將山東半島的舊德國權益歸還給中國的條約。以這些國際協定爲依歸的亞洲、太平洋地區的新國際秩序，被稱爲**華盛頓體制**。

國際聯盟加盟國

國名	加盟	退出通告 (2年後生效)	國名	加盟	退出通告 (2年後生效)
阿根廷	1920.1成立時		比利時	1920.1成立時	
英國	〃		波斯		
義大利	〃	1937.12	波蘭		
印度	〃		玻利維亞		
烏拉圭	〃		葡萄牙		
薩爾瓦多	〃	1937.8	宏都拉斯		1936.7
澳洲	〃		南非聯邦		
荷蘭	〃		南斯拉夫		
加拿大	〃		賴比瑞亞		
古巴	〃		羅馬尼亞		1940.7
希臘	〃		阿爾巴尼亞	1920.12	1939.4 Ⓐ
瓜地馬拉	〃	1936.5	奧地利		1938.3 Ⓑ
哥倫比亞	〃		哥斯大黎加		1925.1
暹羅（泰）	〃		芬蘭		
瑞士	〃		保加利亞		
瑞典	〃		盧森堡		
西班牙	〃	1939.5	愛沙尼亞	1921.9	
捷克斯洛伐克	〃		拉脫維亞		
中華民國	〃		立陶宛		
智利	〃	1936.6	匈牙利	1922.9	1939.4
丹麥	〃		愛爾蘭	1923.9	
尼加拉瓜	〃	1936.6	衣索比亞		
日本	〃	1933.3	多明尼加	1924.9	
紐西蘭	〃		德國	1926.9	1933.10
挪威	〃		墨西哥	1931.9	
海地	〃	1942.4	土耳其	1932.7	
巴拿馬	〃		伊拉克	1932.10	
巴拉圭	〃	1935.2	阿富汗	1934.9	
巴西	〃	1926.6	厄瓜多		
法國	〃		蘇聯		1939.12Ⓒ
委內瑞拉	〃		埃及	1937.5	
秘魯	〃				

Ⓐ被義大利合併

Ⓑ被德國合併

Ⓒ被國際聯盟理事會決議除名

華盛頓海軍裁軍條約規定的
五大國軍艦總噸量限制

國名	主力艦	各國比	航空母艦	各國比
英國	52萬5千噸	5	13萬5千噸	5
美國	52萬5千噸	5	13萬5千噸	5
日本	31萬5千噸	3	8萬1千噸	3
法國	17萬5千噸	1.67	6萬噸	2.22
義大利	17萬5千噸	1.67	6萬噸	2.22

一掃日俄戰後蕭條的
大戰景氣

　　第一次世界大戰為遠離戰場的日本和美國，帶來前所未有的**好景氣**。日本向英法俄等協約國提供軍需品，向亞洲市場提供列強減少出口的棉織品等工業製品，之後向戰爭景氣旺盛的美國市場擴大出口生絲，貿易出口大幅超過進口，將明治末期以來的不景氣和財政危機一掃而空。

　　戰爭時期需要大量軍事用的船舶，因此貿易用船舶出現全球性供不應求的狀況。這時日本的海運業與造船業迎來前所未有的好景氣，成為僅次於英、美的世界第三**海運國**。

　　藥品、染料、肥料等**化學**領域，也因德國的出口斷絕而勃興。大戰前就開始發展的電力業方面，發展出大規模的水力發電事業，農村的電燈普及，工業原動力從蒸氣轉成電力，電器機械的國產化也有所進展。擴大出口的纖維業方面，也出現越來越多紡織業者在中國經營工廠，也就是所謂的「**資本輸出**」。好景氣影響到各行各業，有段時間勞動者都因為人手不足的關係，得以調漲薪水；但自1916年後半起，**物價上漲**開始波及到生活物資。隔年，雖然頒布了物價調整令，取締因獨占米、鐵、煤而導致物價暴漲的情況，但效果不彰。1918年爆發**米騷動**，在全國引發暴動。

　　好景氣雖然持續到1918年，但在締結停戰協定之後，軍需物資全數暴跌。這樣的不景氣持續了半年左右，後因歐洲戰損嚴重，戰爭結束後還無法恢復原本的生產和出口水準，因此日本的景氣到了1919年夏天又開始轉好。景氣恢復後，股票市場和商品市場充斥買空賣空之橫行。隨後在1920年春天爆發了價值與實物不符的「泡沫經濟」，這股反動襲向股票市場，導致股價暴跌。

第一次世界大戰時期的經濟動向

1914年	3	日本參與第一次世界大戰
1915年	3	從福島縣的豬苗代水力發電所到東京的田端變電所，開始長達215km的長距離高壓送電（水力發電和長距離送電普及。工業原動力從蒸氣轉換為電力） 這一年開始出現大戰景氣，出口超過進口
1917年	3	以「集工業家之力發展我國工業」為目的，成立經濟團體「日本工業俱樂部」（初代理事長為三井合名會社理事長團琢磨）
	9	頒布暴利取締令，以抑制大戰時期物價暴漲之際的壟斷和惜售禁止黃金出口（停止金本位制）
1918年	8	米騷動從富山擴大到全國
	11	第一次世界大戰結束
1919年	1	隨著歐洲諸國的復興，日本出口減少 進口超過出口
1920年	3	股價大暴跌，出現戰後恐慌

第一次世界大戰期的日本貿易額推移

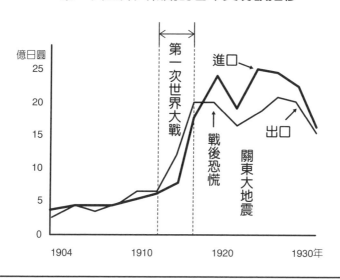

「平民宰相」原敬登場

　　1916年，第二次大隈內閣在大戰中垮台後，身爲陸軍軍人與初代朝鮮總督的**寺內正毅**組閣，這是和政黨沒有任何合作關係的超然內閣。**立憲同志會**等前內閣的各派執政黨，聯合組成**憲政會**予以對抗，於是寺內便在隔年解散眾議院。總選舉後，**立憲政友會**取代憲政會成爲第一黨，同黨的**原敬**、立憲國民黨的**犬養毅**等人成爲政黨代表，爲了擴大閣僚及統一外交政策，設置了**臨時外交調查委員會**。

　　大戰時因經濟急速發展，工業勞動者增加，人口開始往都市集中，米的消耗量遞增，米價也跟著上漲。1918年政府爲了出兵至西伯利亞，投機性地壟斷收購米糧，在全國造成**米騷動**，寺內內閣只好引咎總辭職。9月，成立以立憲政友會總裁原敬爲首相的內閣。

　　身爲藩閥中心的存在、敵視政黨的元老山縣有朋，他也很熟悉藩閥和政黨妥協的政權營運方式，並對立憲政友會的領袖原敬的政治手腕表示讚賞。看到國民要求參與政治的民眾運動力量，山縣也終於認同了政黨內閣。

　　原敬並非藩閥，也非華族，是第一個沒有爵位的「**平民宰相**」，他以**國際協調**爲主軸主導對外政策。滿洲權益開發方面，也是他找出和美英法之間的妥協點，並從西伯利亞撤兵，準備參與**華盛頓裁軍會議**。內政方面，鋪設眾多的鐵路地方線，**整備鐵路網**的政策雖然受到在野黨的批判，但這些積極政策讓國家財政急速膨脹。只是他對於引進普通選舉制相當愼重，當有人在議會中提出普通選舉法案時，他便在1920年解散議會，接著在總選舉中獲得勝利。不料隔年卻在東京站遭一名青年刺中胸口而喪命，後由**高橋是清**接任，繼續維持立憲政友會內閣的運作。

從寺內內閣到原內閣

1916年	1	大隈重信首相遭到炸彈恐怖攻擊
	7	第4次日俄協約
	10	成立寺內正毅內閣 成立以立憲同志會為中心的憲政會（加藤高明為總裁）
1917年	6	日本派遣驅逐艦到地中海
	11	石井・藍辛協定（和中國相關的日美協定） 成立西原借款（給予與孫文的護法運動對立的段祺瑞資金援助） 俄國革命
1918年	8	開始出兵西伯利亞 米騷動蔓延至全國
	9	寺內內閣總辭職。原敬內閣成立（第一個正式的政黨內閣）
	11	第一次世界大戰結束
1919年	1	巴黎談和會議
	3	朝鮮三一獨立運動（萬歲事件）
	5	修改眾議院議員選舉法（直接國稅3日圓以上、小選舉區制） →原、政友會反對普選 中國的抗日運動（五四運動）
	6	凡爾賽條約
1920年	1	成立國際聯盟，日本也加盟（常任理事國）
	2	東京7萬5千人要求普選的示威遊行
	3	尼港事件（日本人在西伯利亞廟街鎮遭殺害） 股價大暴跌→出現戰後的反動恐慌
	7	日本軍占領北庫頁島
1921年	11	原首相在東京站前遭刺殺

17

進步的民主主義

成立普通選舉法
和治安維持法

　　要求獲得普通選舉權的運動是個群眾運動，熱潮從1919年開始直至隔年。政府方面從加藤友三郎內閣時期開始討論普通選舉制，1923年成立的第二次山本權兵衛內閣也制定了執行政策，卻因為關東大地震和之後的**虎之門事件**（皇太子狙擊事件）而內閣總辭，沒能實現總選舉。

　　1924年，松方正義和西園寺公望兩位元老，推薦樞密院議長清浦奎吾出任首相。可是當清浦從貴族院中選出陸、海相以外的所有閣僚時，**憲政會、立憲政友會、革新俱樂部**三黨再度發動超然內閣，掀起憲政擁護運動。

　　對此，清浦內閣拉攏了**政友本黨**，這個被立憲政友會**高橋是清**總裁批判為是離黨勢力，並解散議會。總選舉的結果為憲政會151、政友會105、革新俱樂部30、政友本黨109，是**護憲三派**獲得最終勝利。第一黨的憲政會總裁加藤高明組織了三黨的聯合內閣，之後在1932年的五一五事件中，政友會內閣垮台，但在那之前一直持續著**政黨內閣**的慣例。

　　加藤內閣以**幣原外相**的協調外交為基本原則，內政方面在1925年成立**普通選舉法**，從此滿25歲以上的男性擁有眾議院議員的選舉權，使擁有選舉權的人一口氣增加到4倍。但也同時制定了**治安維持法**，規定以「國體」的變革，或是以否認私有財產制度為目的而結社組織者及參加者，均需遭到處罰。制定本法的原始目的，是為了預防國民因締結**日蘇基本條約**，日本建立（1925年）與蘇聯的國交而受到共產主義思想波及，並防備因普通選舉而增加的勞動者階級對政治的影響力。

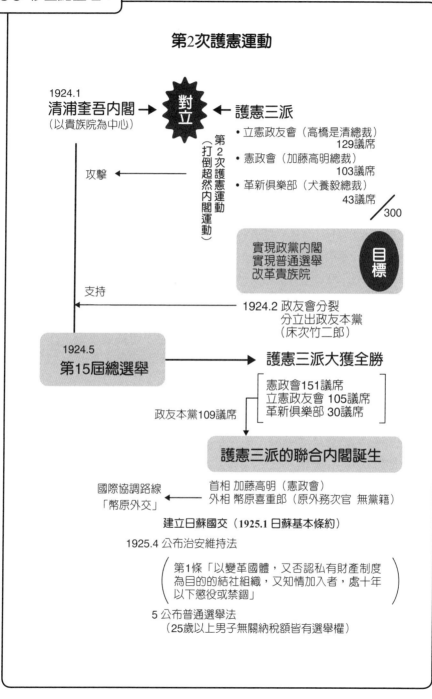

第2次護憲運動

1924.1
清浦奎吾内閣 → **對立** ← **護憲三派**
（以貴族院為中心）

第2次護憲運動
（打倒超然内閣運動）

攻擊 ←

- 立憲政友會（高橋是清總裁）
  129議席
- 憲政會（加藤高明總裁）
  103議席
- 革新俱樂部（犬養毅總裁）
  43議席 ／300

目標
實現政黨内閣
實現普通選舉
改革貴族院

支持 ←

1924.2 政友會分裂
分立出政友本黨
（床次竹二郎）

1924.5
第15屆總選舉 → **護憲三派大獲全勝**

政友本黨109議席

憲政會151議席
立憲政友會 105議席
革新俱樂部 30議席

↓

護憲三派的聯合内閣誕生

國際協調路線
「幣原外交」 ←

首相 加藤高明（憲政會）
外相 幣原喜重郎（原外務次官 無黨籍）

建立日蘇國交（1925.1 日蘇基本條約）

1925.4 公布治安維持法

（第1條「以變革國體，又否認私有財產制度
為目的的結社組織，又知情加入者，處十年
以下懲役或禁錮」）

5 公布普通選舉法
（25歲以上男子無關納稅額皆有選舉權）

▶ 01
列強互保利害關係的
國際協調體制

1920年代是列強依照**華盛頓體制**在亞太地區維持勢力平衡的時期。

1924年，護憲三派組成的加藤高明內閣，讓外交官出身的**幣原喜重郎**當外相，推動與「世界大勢」同調的**協調政策**。幣原在駐美大使時期，擔任日方全權代表，直接參與了**華盛頓海軍裁軍條約**的制定，因此會忠實於自己所參與策劃的**國際協調體制**。由於他的外交總是忠實地貫徹原則，因此以他的姓而命名為「幣原外交」。

1925年，日本與國家體制不同的蘇聯建立國交，締結**日蘇基本條約**，同時將出兵西伯利亞時留下的部隊從庫頁島撤兵。

只是幣原協調外交的基礎，雖然是建立在追求日本經濟利益的經濟外交上，但實際上還是會有問題產生。日本對於中國採取不干涉主義，但這時中國卻在1925年，發生了在日本人經營的上海紡織工廠工作的中國勞動者，要求改善勞工待遇的罷工事件，以此為契機，勞動者與學生引發的大規模反帝國主義運動，並遍及中國各地。經濟方面懸而未解的問題層出不窮，讓日中關係無法完全穩定。

這是在華盛頓體制的國際協調中，列強為了現實利害所建立的關係，犧牲了中國，使其成為半殖民地；但若是中國的民族主義開始高漲，那華盛頓體制必定會動搖。此外，列強為了抑制軍事費，將預算拿去振興在大戰中被犧牲的國民生活，就必須維持**既得權益**。

政黨內閣時代的外交與財政

內閣	政黨	外相‧外交（事件）	藏相‧財政
第1次 加藤高明 1924.6～1925.8	護憲三派 （憲政會、立憲政友 會、革新俱樂部）	幣原喜重郎 1925.1 日蘇基本條約 5 上海的五卅運動 （抗日示威遊行）	濱口雄幸 準備解禁黃金
第2次 加藤高明 1925.8～1926.1	憲政會（單獨） （革新俱樂部和立 憲政友會聯合）	幣原喜重郎	濱口雄幸
第1次 若槻禮次郎 1926.1～1927.4	憲政會	幣原喜重郎	濱口雄幸 →片岡直溫 處理震災法案 1927 金融恐慌 （中小企業重整， 三井、三菱、住 友、第一、安田 5大銀行、金融獨 占資本的確立）
田中義一 1927.4～1929.7	立憲政友會	田中義一（兼任） 1927.5 對抗中國國民政府 軍的「北伐」，出 兵山東（第1次） 6 東方會議（決定大 陸積極政策） 7 日內瓦裁軍會議 1928.3 出兵山東（第2次） 5 濟南事件出兵山 東（第3次） 6 張作霖炸死事件 7 巴黎非戰公約	高橋是清→三土忠造 1927.4 實施延緩支付令 （鎮壓金融恐慌）
濱口雄幸 1929.7～1931.4	立憲民政黨 （1927年憲政會和 政友本黨聯合，為 了對抗政友會的田 中內閣而結黨）	幣原喜重郎 1930.4 倫敦海軍裁軍條約 →統帥權侵犯問題	井上準之助 1929.10 紐約股價大暴跌→ 世界恐慌 1930.1 黃金解禁→昭和恐慌
第2次 若槻禮次郎 1931.4～12	立憲民政黨	幣原喜重郎 1931.9 滿洲事變 →不擴大方針（失敗）	井上準之助 （繼續解禁黃金）
犬養毅 1931.12～1932.5 ↓ 五一五事件 犬養首相遭暗殺 （政黨政治的終結）	立憲政友會	犬養毅（兼任） →芳澤謙吉 1931.12 組織李頓調查團 1932.1 第1次上海事變（日 中軍事衝突） 3 建立「滿洲國」	高橋是清 1931.12 再度禁止黃金出口 1932.2 井上準之助遭暗殺 3 團琢磨遭暗殺

民族主義高漲的中國

　　1927年，立憲政友會的**田中義**一內閣成立，取代了因**金融恐慌**而總辭職的若槻禮次郎內閣。次年（1928年），依照普通選舉制實施第一次總選舉，當選者中有8名無產階級政黨勢力的人。此外，過去一直從事非法活動的**日本共產黨**開始公然活動，於是田中內閣在選舉後一舉檢肅了共產黨員。同年修改**治安維持法**，將最高刑罰改為死刑，開始鎮壓左翼活動。隔年也進行了大規模的檢肅，日本共產黨大受打擊。

　　這時田中內閣在外交方面也是態度轉硬。1924年，中國的國民黨和共產黨開始進行**國共合作**，發動**國民革命**，也就是北伐。國民革命軍以統一全國為目標，在1926年從廣東北上，鎮壓各個地方。面對中國的內戰狀態，田中內閣在1927年決定以實力保護日本在滿洲的權益，並支援滿洲軍閥的**張作霖**，以保護日本居留民為名目，3次**出兵山東**。雖然暫時撐過金融恐慌，但只要不景氣的狀況不改善，就無法解決根本問題，因此日本打算靠武力確保並擴大出口市場。

　　目標是要統治全國的奉天軍閥長張作霖，雖然有日本的支援，但想要戰勝國民革命軍還是非常困難，因此張作霖打算回到根據地奉天。此時有一部分關東軍考慮到若是張作霖回到滿洲，日本統治滿洲的事業將會受到阻礙，於是便策劃謀略。1928年，在奉天郊外炸毀整條列車，殺害張作霖。可是這起事件卻讓張作霖之子張學良與國民政府聯手，同時也將滿洲變成是在國民政府的統治之下。惹怒天皇的田中內閣於1929年總辭職。此外，幾乎要完成全國統一的中國境內，要求恢復國權的民族運動開始高漲。

中國國民革命後的日中關係

1911～12
辛亥革命 → 清朝滅亡
1912 在南京設置臨時政府
孫文 就任臨時大總統
（革命勢力弱，孫文辭職）

1913.10
軍閥的 成為大總統
（目標帝政卻受到挫折）

1916年袁世凱死後，中國各地開始分立軍閥

中華民國 成立（1912.1.1）
→以中國同盟會為中心成立國民黨（→1913 解散）

國民黨	日本	軍閥
1914 成立中華革命黨 ⎤改組 1919 成立中國國民黨 ⎦ （「蘇聯」「容共」「扶助農工」）	1915 二十一條要求 1916 設立滿洲鞍山製鐵所 1917 石井‧藍辛協定 西原借款（援助段祺瑞）	割據中國各地，歐美諸國和日本支援各個軍閥 **奉天軍閥** （張作霖） ↑日本支援
共產黨 1921 成立中國共產黨		**安徽派** （段祺瑞） ↑日本支援
第1次國共合作 　　　1925.3 孫文死去 1925.5 五卅運動 　（抗日示威遊行） 　7 成立廣州國民政府 1926.7 第1次北伐 　（國民革命軍總司令官蔣介石）		**直隸派** （馮國璋） ↑歐美支援
1927.4 蔣介石上海政變 　（鎮壓共產黨） 　蔣 建立南京國民政府 （與接納共產黨的汪精衛武漢國民政府對立）	1927～29 出兵山東 （1928.5 濟南事件） 1928.6 張作霖炸死事件	張學良 掌握奉天軍閥與滿洲
1927.7 **國共分裂→內戰**		
1927.8 設立紅軍 10 紅軍在井崗山（江西省）建立根據地	1928.4 第2次北伐 北伐結束　（形式上） 中國國民黨統一中國	1928.6 「易幟」 張學良在統治地滿州高舉國民黨「青天白日滿地紅」旗，向國民政府投降

引發滿州事變

軍部的擅自行動造成
協調路線終結

　　在田中義一內閣總辭職後所成立的**濱口雄幸**內閣，讓協調外交路線再次復活，重新起用幣原喜重郎為外相。首先為了改善對中關係，1930年與中國簽訂**日中關稅協定**，並有條件地承認中國的關稅自主權。同年參加**倫敦海軍裁軍會議**，禁止建造主力艦的規定再延長5年，華盛頓海軍裁軍條約中不含在內的**補助艦**（巡洋艦、驅逐艦、潛水艦等），這次也列入了規定。雖然都是對日本不利的內容，但政府還是簽下了倫敦海軍裁軍條約。立憲政友會和**海軍軍令部**、右翼等都批判，認為這個舉動侵犯了大日本帝國憲法中所規定**天皇對軍隊的統帥權**。關於日本的補助艦和英美的總噸比，政府曾和海軍軍令部達成協議，最低限度為美國的7成，但最後締結的總噸比卻稍微低於7成。因此不顧海軍軍令部的決定，就等於是侵犯了天皇的統帥權。

　　政府雖徵求到樞密院的同意，成功批准條約，但濱口首相卻在11月於東京車站遭右翼狙擊而身負重傷，隔年4月下台，不久後便逝世。之後的第二次若槻禮次郎內閣也持續進行幣原外交，但中國回收國權的民族運動一發不可收拾。在日本國內，軍人和右翼也批判幣原的協調外交是「**軟弱外交**」，主張這場「**滿蒙危機**」會讓日本的權益備受威脅。

　　1931年9月18日，關東軍展開軍事行動，炸毀奉天郊外柳條湖的滿鐵鐵路，並將此舉嫁禍給中國軍，**滿洲事變**（註：九一八事變）就此爆發。若槻內閣雖發表了不擴大方針，但關東軍卻認為應該要擴大戰線，用軍事力量鎮壓滿洲。於是若槻內閣進行總辭，協調外交也在此畫下休止符。

國共分裂時期的中國與滿洲事變

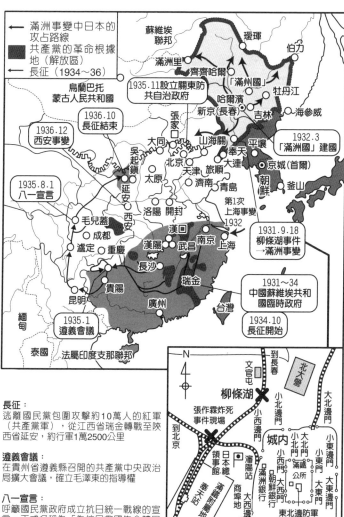

→ 滿洲事變中日本的攻占路線
■ 共產黨的革命根據地（解放區）
→ 長征（1934〜36）

蘇維埃聯邦
瑷琿
伯力
滿洲里
齊齊哈爾
「滿洲國」
牡丹江
1935.11設立關東防共自治政府
哈爾濱
海參威
烏蘭巴托
蒙古人民共和國
新京（長春）
吉林
1936.10
長征結束
張家口
1936.12
西安事變
大同
山海關
1932.3
「滿洲國」建國
吳起鎮
北京
奉天
大連
平壤
京城（首爾）
1935.8.1
八一宣言
太原
天津
旅順
濟南
青島
朝鮮
釜山
延安
洛陽
開封
毛兒蓋
西安
第1次上海事變
1932
1931.9.18
柳條湖事件
→滿洲事變
成都
漢口
瀘定
重慶
漢陽
武昌
南京
上海
長沙
瑞金
1931〜34
中國蘇維埃共和國臨時政府
貴陽
廣州
台灣
昆明
1934.10
長征開始
緬甸
1935.1
遵義會議
泰國
法屬印度支那聯邦

N
到長春
文官屯
北大營
柳條湖
張作霖炸死事件現場
小北邊門
大北邊門
城內
日本總領事館
瀋陽站
商埠地
大西邊門
小西邊門
東北邊防軍司令長官公舍
到北京

長征：
逃離國民黨包圍攻擊約10萬人的紅軍（共產黨軍），從江西省瑞金轉戰至陝西省延安，約行軍1萬2500公里

遵義會議：
在貴州省遵義縣召開的共產黨中央政治局擴大會議，確立毛澤東的指導權

八一宣言：
呼籲國民黨政府成立抗日統一戰線的宣言，正式名稱為「為抗日救國告全體同胞書」

西安事變：
西安是以前的古都「長安」。東北軍張學良等人綁架監禁蔣介石，迫使他停止國共內戰的政變事件。促成之後的抗日民族統一戰線和第2次國共合作

18

國際協調的時代

從恐慌到恐慌

第一次世界大戰之後，歐洲開始復興，歐洲商品再度出現在亞洲市場，使日本景氣從雲端跌落谷底。1919年起，貿易額從出超變成入超，特別是重化學工業的進口增加，壓迫了國內生產。1920年出現棉絲與生絲行情暴跌的**戰後恐慌**，加上**關東大地震**的打擊，使國內的不景氣開始慢性化。之後在1927年3月，因藏相（財務大臣）的失言，讓部分銀行經營惡化的情況浮出檯面，使不安情緒更加高漲，儲戶都搶著把錢領出來，引起無法支付的「擠兌風潮」，導致許多銀行因此停業，造成**金融恐慌**。

當時台灣銀行因為鈴木商店的經營不善，持有鉅額的不良債權，若槻禮次郎內閣試圖發布緊急救令予以救濟，卻無法獲得反對幣原外交的樞密院之許可而總辭。取而代之的立憲政友會田中義一內閣發布3週的延緩支付令，讓全國銀行暫時停止付款，而日本銀行進行緊急放款，以平定金融恐慌。

可是經過了2年半後，1929年10月24日紐約股市大暴跌，這天被稱為「**黑色星期四**」。此一趨勢旋即從歐洲波及到日本，擴大為**世界恐慌**。出口量減少，黃金大量流出海外，企業相繼破產，加上內閣想推動產業合理化，導致出現大量失業人潮。雖然1930年是大豐收，但米價卻下跌，形成「豐收貧窮」的狀態，隔年東北、北海道卻嚴重歉收。世界恐慌本身就帶有農業恐慌的色彩，農產品價格下跌，形成農業恐慌，不斷出現飢餓兒童和賣身女子。於是政府制定**重要產業管制法**，允許指定產業成立不景氣企業聯盟，開始著手**管制經濟**。

1920年代經濟的動向

1919年		進口超過出口 （重化學工業進口增加→壓迫國內生產）
1920年	3	股價大暴跌，引起戰後恐慌 （棉絲與生絲行情跌到半價以下） →無法擺脫出口低迷、產業停滯、經濟不景氣的狀態
1923年	9	關東大地震（京濱工業地帶遭破壞、銀行經營惡化） →戰後恐慌加上地震恐慌 頒布延緩支付令 日銀震災票據折讓損失補償令的日銀特別融資 （4億3082萬日圓）
1926年		到年底震災票據當中有2億680萬日圓未支付
1927年	3	眾院預算委員會中，片岡直溫藏相在審議震災票據善後 處理案時，失言說出「銀行破產」 →引發擠兌風潮，金融恐慌 中小銀行停業、倒閉
	4	鈴木商店經營不善，樞密院反對以緊急敕令救濟抱有鉅 額不良債權的台灣銀行，田中義一內閣實施延緩支付令 （4月22日起3週） 日銀的緊急救濟融資→鎮壓金融恐慌
1929年	10	紐約股價大暴跌→世界恐慌

- 在1920年代的慢性不景氣當中，日本政府面對一而再、再而三的金融恐慌，增發日本銀行券予以救濟。
- 財閥在1920年代推動金融、流通方面的產業統治，將存款集中在5大銀行（三井、三菱、住友、安田、第一）。三井和政友會、三菱和憲政會（→民政黨）之間有強烈的連結，這也是反對政黨的聲浪高漲，以及政黨政治終結的主要原因之一。

因世界恐慌而失敗的
黃金解禁政策

　　黃金解禁是指允許以**正貨**（金貨或金塊）支付進口品款項。第一次世界大戰時期，交戰國陸續禁止黃金出口，日本也仿效此法。大戰後各國紛紛解禁，自由的黃金出口可穩定外匯行情，因此經濟界也提倡透過黃金解禁來的振興貿易。

　　1929年成立的立憲民政黨**濱口雄幸內閣**爲了振興出口貿易，將**黃金解禁**視爲重點政策之一，爲了實施此政策，任用金融專家**井上準之助**爲藏相。政府自信滿滿地向國民提出**黃金解禁政策**，於是立憲民政黨在1930年2月的總選舉中大獲全勝。1930年，斷然解禁黃金出口。當時的外匯行情爲100日圓＝46.5美元上下，但政府按貨幣法以舊平價100日圓≒50美元解禁，此爲實質的日圓升值。

　　黃金解禁、財政緊縮和產業合理化是濱口內閣的政策三大支柱。雖然知道這樣會引起不景氣，但由於看好全球景氣，尤其是美國處在被稱爲「黃金20年代」，史上最繁榮的時期，只要撐過這段時期，出口景氣變佳，就能擺脫不景氣。可是就在日本實施黃金解禁時，**世界恐慌**也已經開始，黃金解禁加速重創日本景氣。日本的產品與世界生產過剩的產品重疊，於是日本的出口振興策略宣告失敗。這時開始出現懷疑束手無策的政黨是否要再度禁止黃金出口，以及財閥是否會賣出日圓、買進美金的聲音。在此聲浪之下，濱口首相遭到抨擊。而立憲民政黨的若槻禮次郎內閣，也因無法阻止**滿洲事變**擴大而總辭，井上也辭去藏相的職位。之後立憲政友會的犬養毅內閣誕生，高橋是清在就任藏相的當天，立刻實施**再度禁止黃金出口**的政策。

黃金解禁和財政緊縮、產業合理化的理論

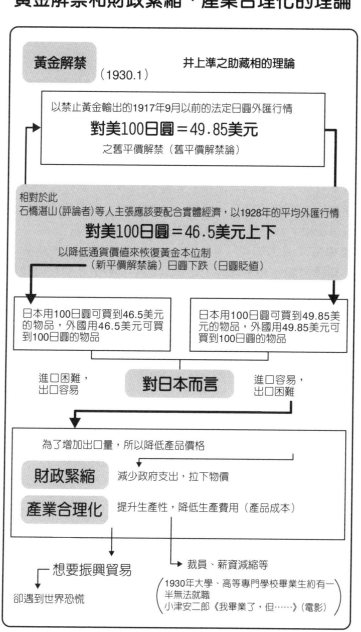

黃金解禁 （1930.1）　　　　井上準之助藏相的理論

以禁止黃金輸出的1917年9月以前的法定日圓外匯行情

對美100日圓＝49.85美元

之舊平價解禁（舊平價解禁論）

相對於此
石橋湛山(評論者)等人主張應該要配合實體經濟，以1928年的平均外匯行情

對美100日圓＝46.5美元上下

以降低通貨價值來恢復黃金本位制
（新平價解禁論）日圓下跌（日圓貶值）

日本用100日圓可買到46.5美元的物品，外國用46.5美元可買到100日圓的物品

日本用100日圓可買到49.85美元的物品，外國用49.85美元可買到100日圓的物品

進口困難，
出口容易　　　　**對日本而言**　　　　進口容易，
出口困難

為了增加出口量，所以降低產品價格

財政緊縮　減少政府支出，拉下物價

產業合理化　提升生產性，降低生產費用（產品成本）

想要振興貿易　　　　裁員、薪資減縮等

卻遇到世界恐慌

（1930年大學、高等專門學校畢業生約有一半無法就職
小津安二郎《我畢業了，但……》（電影））

進入戰時體制

　　犬養毅內閣的藏相高橋是清再度禁止黃金出口，脫離**金本位制**，改用**管理通貨制度**。犬養內閣在**五一五事件**垮台後，高橋仍留下來擔任齋藤實內閣的藏相，試圖以低外匯政策（日圓貶值）增加出口額。他將透過日銀承兌的赤字公債調度而來的資金，運用在軍事費用和時局匡救事業（農村救助費）上，藉此來恢復景氣。這項政策爲產業界注入了活力，除了農業領域外，日本的其他產業都擺脫了恐慌。只是恢復景氣後的資金需求增加，公債難以消化，雖努力節省預算，卻引起軍部的反彈，要求增加軍事費用。1936年，高橋在**二二六事件**遭射殺身亡。

　　滿洲事變後，日本窒素、昭和電工、日本曹達、日本產業、理化學研究所等**新興財閥**在和軍部的密切連結之下，形成企業控股集團，急速成長。**日中戰爭**爆發後，近衛文麿內閣編列鉅額軍事預算，強化**管制經濟**，制定**臨時資金調整法**和**輸出入品等臨時措置法**，將資金和進口資材集中分給軍需產業。1938年制定**國家總動員法**，政府無須議會承認即可動用必要物資和勞力在戰爭上。另外**企畫院**也制定**物資動員計畫**，優先生產軍需品。除了新興財閥之外，舊財閥系的大企業也著手生產軍需品，獲取龐大利益。

　　1939年，政府基於國家總動員法，推出價格等管制令，導入公定價格制。隔年發布禁止製造和販賣奢侈品、限制砂糖和火柴等消費的票券制。1941年起，米糧爲**配給制**，衣料品也是採用**票券制**。1940年開始實施強制買米制度，但由於勞力與生產資材不足，導致糧食生產在1939年之後就開始向下滑落，陷入糧食困難。

高橋是清藏相的財政營運

財政營運	**再度禁止黃金出口**（銀行券金兌換停止令 1931.12） →改為管理通貨制度 • 之前以100日圓＝49.85美元的匯率解禁黃金出口，但再度禁止之後，日圓立刻貶值，下降到對美外匯行情100圓＝20美元。因日幣貶值，成功促進出口（外國批評這是「社會性傾銷」） **財政支出的增加** →發行赤字國債增加財政支出，增加軍事費和時局匡救事業（促進公共土木事業的雇用、救濟農村）費用 • 從世界恐慌中脫離 • 發展重工業
影響	軍部要求更多的軍事費用，但高橋表示「所謂的國防就是只要能保護本國不被攻陷就夠了」、「（軍部的政治介入）荒謬至極，國家的災難」，不願意發放軍事費的公債，以減少公債發行，導致高橋和軍部產生決定性的對立→成為二二六事件的恐怖攻擊標的 →石油與廢鐵，對美依賴變強

之後		二二六事件之後，軍部的力量增強，獲得軍擴預算，形成將資金和輸入資材分給軍需的戰時統制經濟
1937年	9	臨時資金調整法、輸出入品等臨時措置法、軍需工業動員法
	10	設置企畫院
1938年	4	國家總動員法
1939年	3	薪資統制令
	7	國民徵用令
	10	價格等統制令

滿洲國建國
和退出國際聯盟

　　若槻禮次郎內閣因無法收拾**滿洲事變**殘局而總辭，之後立憲政友會的犬養毅於1931年底組閣，目標為直接與中國談判，但1932年關東軍卻幾乎占領了滿洲全境（遼寧、吉林、黑龍江3省）。滿洲事變是關東軍為了占領「**滿蒙**」（滿洲和內蒙古）所策謀的軍事行動，受到外國和國際聯盟的抨擊，於是日本便讓清朝最後的皇帝溥儀執政，在1932年發布「**滿洲國**」的建國宣言，建立一個**傀儡國家**。日本人稱中國東北地方為「滿洲」，滿洲是建立清朝的滿族故地，因此便將滿族的「皇帝」帶來此處，標榜「五族融合」、「王道樂土」，實則想建立一個由關東軍和日本官僚統治的傀儡國家。

　　日本成立滿洲國的目的是想獨占滿蒙權益，這等於是公然挑戰列強說好要維持現狀，守護彼此權益的**華盛頓體制**。美國對日本的一連串行動發表不承認宣言，加上中國的控訴，國際聯盟理事會為了調查實情，派遣英國的**李頓**（Lytton）擔任團長，組成調查團，到日中兩國實地調查。調查報告書中提到「日方的軍事行動，不能認為是合法之自衛手段」、「不認為滿洲國的獨立是民族自發性的獨立運動」。關東軍更在1933年進攻熱河省，各國認為這是日軍想要擴大占領長城線以南的徵兆，於是國際聯盟總會便通過要求日本軍撤退的決議案，在此決議之下，日本決定**退出國際聯盟**。日本視滿洲為「日本的生命線」，展現出就算與世界為敵也絕不放手的決心。1935年以降，日本軍開始加強鄰接滿洲國的華北地帶的影響力，讓華北、山東、山西、察哈爾、綏遠的華北5省脫離國民政府的統治，進行華北分離，打算在此成立第二個滿洲國。

「滿洲國」的機構

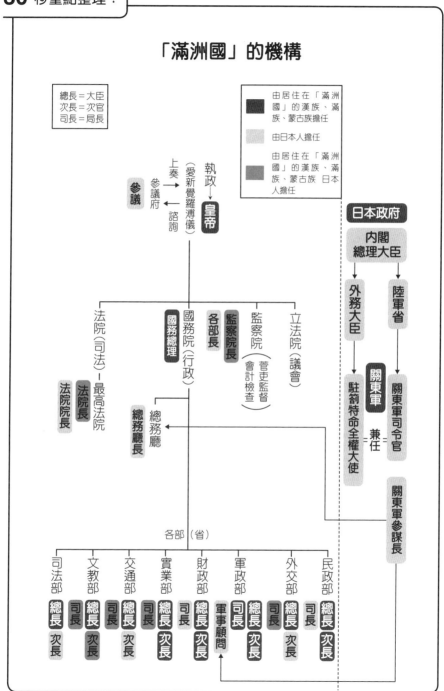

總長＝大臣
次長＝次官
司長＝局長

■ 由居住在「滿洲國」的漢族、滿族、蒙古族擔任

□ 由日本人擔任

■ 由居住在「滿洲國」的漢族、滿族、蒙古族 日本人擔任

上奏 → 執政（愛新覺羅溥儀）

參議 ← 諮詢

參議府

皇帝

日本政府

内閣總理大臣

外務大臣

陸軍省

關東軍 兼任

駐劄特命全權大使

關東軍司令官

關東軍參謀長

法院（司法）—最高法院

法院院長

法院長

國務總理

國務院（行政）

總務廳長

總務廳

各部長

監察院長

監察院（營吏監督）（會計檢查）

立法院（議會）

各部（省）

司法部 **總長** 次長
文教部 **總長** 次長
交通部 **總長** 次長
實業部 **總長** 次長
財政部 **總長** 次長
軍政部 **總長** 次長 軍事顧問
外交部 **總長** 次長
民政部 **總長** 次長

司長（各部下方）

19

戰爭爆發

政黨政治的終結

　　以倫敦海軍裁軍會議、昭和恐慌、滿洲事變等事件爲契機，軍人和右翼興起的激進國家改造運動日益高漲。他們認爲日本停滯不前的原因，是因爲財閥和政黨這些統治階層的無能與腐敗，爲了打倒這些階層，打算建立以軍部爲中心的強力內閣，對內外政策進行重大改革。1931年發生了陸軍青年將校政變未遂事件；次年2～3月，發生右翼暗殺井上準之助前藏相、團琢磨三井合名會社理事長的**血盟團**事件；更在5月15日發生海軍青年將校一行人闖入首相官邸，射殺犬養毅首相的五一五事件。首相「有話好說」和惡徒「毋須贅言，下手！」的對話，表現出政黨政治和軍部介入政治的極端狀態。擁有武器的軍人果然令人驚恐，一連串的恐怖活動威脅著統治階層。**五一五事件**發生後，元老**西園寺公望**便推薦穩健派的海軍大將齋藤實擔任下任首相。大正末年以來僅僅8年的政黨內閣就此瓦解。

　　相較於無法解決不景氣，並企圖獨占資本的腐敗政黨政治，日本國民對軍部（尤其是陸軍）則是充滿期待，渴望軍部能開創全新局面。陸軍在政治上的發言權力增加，但陸軍內部也出現兩派對立。一是以隊上的青年將校爲中心，藉由直接行動打破舊統治階層，以天皇親政爲目標的**皇道派**；另一派是以陸軍省、參謀本部的中堅幕僚將校爲中心，在與革新官僚、財閥結盟的軍部強力統制下，目標建立總力戰體制的**統制派**。皇道派的部分青年將校試圖引發政變，也就是1936年的**二二六事件**，不過卻以失敗告終。事件發生後，統制派完全掌握陸軍，鞏固由軍部指揮政治、外交、經濟的體制。廣田弘毅內閣時期的陸海軍大臣**現役武官制**也隨之復活，使日本成爲一個經濟與思想都是以戰時體制來主導的國家。

政黨政治的瓶頸和軍部勢力的崛起

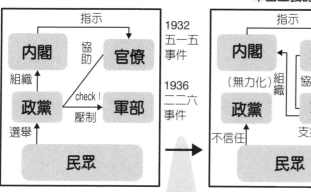

大正示威遊行
「憲政的常道」（政黨內閣）的時代

1932
五一五
事件

1936
二二六
事件

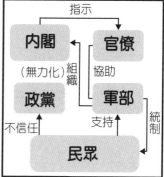

軍國主義的時代

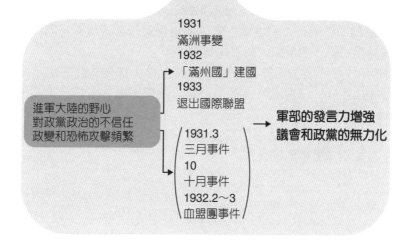

1931
滿洲事變
1932
「滿洲國」建國
1933
退出國際聯盟

進軍大陸的野心
對政黨政治的不信任
政變和恐怖攻擊頻繁

1931.3
三月事件
10
十月事件
1932.2～3
血盟團事件

軍部的發言力增強
議會和政黨的無力化

19

戰爭爆發

泥沼化的日中戰爭

　　爲了推動華北分離工作，關東軍在華北成立傀儡政府「冀東防共自治委員會」。1936年，日本政府也開始將華北分離定爲國策。第一次近衛文麿內閣成立之後，1937年7月爆發**蘆溝橋事件**，雖然內閣採取不擴大方針，但日中戰爭還是全面擴大。同年9月，**國民黨**的**蔣介石**和**共產黨**進行第二次國共合作，成立**抗日民族統一戰線**，展開抗日戰爭。日本軍在12月占領首都南京，引發**南京事件**，殺害無數一般市民，遭到國際上的譴責。

　　在德國的仲介之下，和平談判並不順利，1938年1月近衛首相發表「爾後不以國民政府爲對手」之聲明，自行斷絕結束戰爭的出路。1938年，日本軍侵占徐州、武漢、廣東，發動大規模作戰，占領了大片土地。1939年以降，戰爭完全處於無解的膠著狀態。**毛澤東**在共產黨的根據地延安發表「論持久戰」的演說，蔣介石將首都從武漢移至位於長江上游的重慶，並宣示要繼續抗戰。日本軍雖在中國大陸建置了100萬兵力，但還是很難守住所有占領地區，光是要確保連接都市與都市間的「點與線」就耗盡心力，戰爭陷入泥沼化。

　　1938年11月，**汪兆銘**等人因處於反共立場，在日本的慫恿下離開重慶。1940年3月，日本以汪爲首領，建立**南京政府**，但情況還是沒有改變。1940年，日本締結三國同盟後，以斷絕支援重慶國民政府的**援蔣路線**爲由，將陸軍送進法屬印度支那（法印），與美英之間產生嚴重對立，形成**太平洋戰爭**的導火線。

日中戰爭

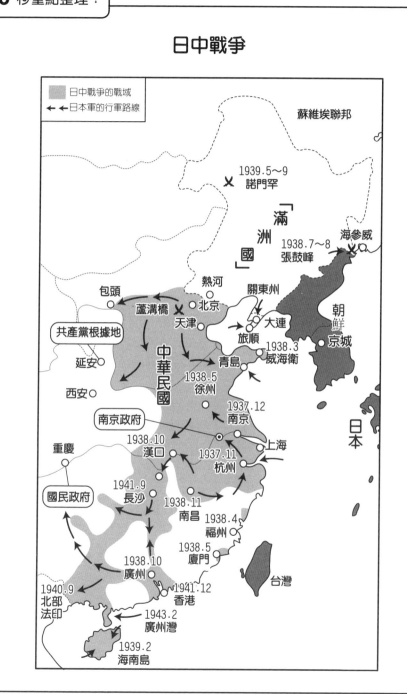

日中戰爭的戰域
日本軍的行軍路線

蘇維埃聯邦

1939.5～9
諾門罕

「滿洲國」

海參威

1938.7～8
張鼓峰

熱河

包頭

關東州

蘆溝橋

北京

大連

天津

旅順

朝鮮

京城

共產黨根據地

青島

延安

1938.3
威海衛

1938.5
徐州

西安

中華民國

1937.12
南京

南京政府

1938.10
漢口

上海

重慶

1937.11
杭州

國民政府

1941.9
長沙

1938.11
南昌

1938.4
福州

1938.5
廈門

台灣

1938.10
廣州

1940.9
北部法印

1941.12
香港

1943.2
廣州灣

1939.2
海南島

日本

太平洋戰爭戰敗

　　日本退出國際聯盟之後，德國由希特勒的納粹黨、義大利由**墨索里尼**的法西斯黨掌握政權，皆相繼退出國際聯盟。**日中戰爭**越演越烈，日本與在中國擁有權利的英美產生決定性的對立。蔣介石的重慶政府也持續抱持著抗爭的態度。

　　1939年，歐洲爆發**第二次世界大戰**。日本看到德國軍隊在戰爭初期中獲得壓倒性勝利，第二次近衛內閣便和德義締結**日德義三國同盟**。這個對抗英美的攻守同盟當然更加刺激了美國和英國，因此實施了重要軍事物資的**對日經濟封鎖**。

　　日本爲了向東南亞索取這些軍事資源，於是提出「**大東亞共榮圈**」的構想，推動南進政策。日本固守北方，於1941年4月簽訂**日蘇中立條約**，同年6月德蘇開戰，日美談判也遇到瓶頸，於是日本決定在1941年12月8日向英美宣戰，攻擊夏威夷的**珍珠港**，讓美國的太平洋艦隊遭受重大損傷，掌握制海權。

　　日本軍在開戰後半年的這段期間，占領了東南亞的主要地區，確保重要資源；可是卻在1942年6月的**中途島海戰**中敗北，失去制空權。之後美軍開始展開攻勢，在支撐消耗戰的生產能力方面上，處於劣勢的日本軍只能節節敗退。

　　進入1945年之後，日軍的敗勢已顯而易見。5月，德國無條件投降，在英美的**雅爾達祕密協定**中，蘇聯參與對日戰爭的期限（對德戰結束後3個月）即將到期，美國爲了讓日本儘早投降，以實現單獨占領，便在廣島、長崎陸續投下新武器——**原子彈**，日本終於被逼得無條件投降。

太平洋戰爭前的日本國際關係

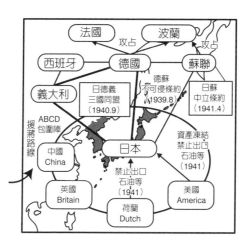

亞洲、太平洋戰線

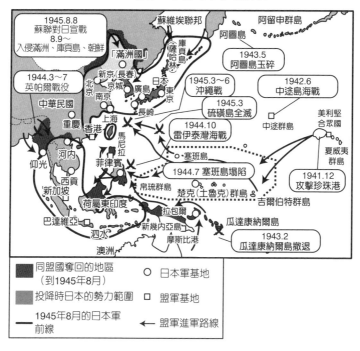

戰敗後仍苦不堪言的
國民

　　1945年7月底，美英中三國發表**波茨坦宣言**，要求日本無條件投降，可是鈴木貫太郎內閣卻對此不理不睬。於是美國便於8月6日在廣島、8月9日在長崎投下**原子彈**，蘇聯也打破**日蘇中立條約**參戰，攻占滿洲。

　　此時日本終於在8月14日的御前會議上決定無條件投降，並告知同盟國願意接受波茨坦宣言。隔天（8月15日）天皇透過廣播向國民發表**戰爭結束（終戰）詔書**，9月2日在密蘇里號上簽署投降文件，亞洲、太平洋戰爭正式結束。

　　雖然得以「終戰」，卻是場毫無疑問的「敗仗」。

　　日本光是死亡人數就約達250萬人，還喪失了開戰前的44%國土和34%國富，礦工業生產下降到戰前的3成多，糧食生產驟減至7成多，生產量大幅下降，物資嚴重不足。加上陸續從海外**引揚歸國**和**復員遣散**的軍人，失業者達到1000萬人，大多數國民都處於糧食不足、住宅不足、衣料不足，即將餓死的狀態。

　　雖仍維持配給制度，但經常延遲或停止發送，導致人民必須依靠地下經濟才能維持生活。由於物資不足，加上軍事補償費、占領軍的設施費、復員津貼等，只好增加通貨量，然而散漫的財政管理，卻引發激烈的通貨膨脹。國民被迫承受雙重負擔。

　　政府在1946年2月發布**金融緊急措置令**，禁止從銀行等處提領存款，採用激烈手段，但還是無法抑制通貨膨脹。即使在這種情況下，國民還是從再度到訪的和平中享受到自由。

第二次世界大戰到日本戰敗的經過

	亞洲、太平洋戰線	年		歐洲戰線
6	中途島海戰（日本軍大敗）	1942	11	盟軍登陸北非
2	日本軍從瓜達康納爾島撤退	1943	1	卡薩布蘭卡會議（美英）……決定進攻義大利
4	聯合艦隊司令長官山本五十六戰死		2	史達林格勒戰役（德國向蘇聯投降）
5	阿圖島的日本軍守備隊全滅		5	北非的德義軍投降
7	日本軍從基斯卡島撤退			
11	舉辦大東亞會議		7	盟軍登陸西西里島。逮捕墨索里尼
7	日本軍停止英帕爾戰役塞班島的日本軍全滅	1944	9	義大利向盟軍無條件投降
10	美軍登陸雷伊泰島日本軍在雷伊泰灣海戰中敗北		11	開羅會議（美英中）……協議對日方針，處理戰後領土（滿洲、台灣歸還中國，朝鮮獨立），並要求日本無條件投降（開羅宣言）德黑蘭會談（美英蘇）……確認對德戰方針（登陸北法形成第2戰線）
11	美軍正式向日本本土進行空襲			
2	美軍奪回馬尼拉			
3	東京大空襲，硫磺島的日本軍守備隊全滅			
4	美軍登陸沖繩蘇聯的莫洛托夫外相宣告不延長日蘇中立條約		6	盟軍登陸諾曼第作戰
			8	盟軍解放巴黎
6	沖繩的日本軍守備隊全滅	1945	2	雅爾達會議（美英蘇）……處理對德戰，確認蘇聯的對日參戰和讓渡南庫頁島、千島列島（雅爾達協定）
7	鈴木貫太郎首相不理睬波茨坦宣言			
8	6在廣島投下原子彈；8蘇聯發布對日宣戰布告（毀棄日蘇中立條約），進攻滿洲；9在長崎投下原子彈；14在御前會議決定接受波茨坦宣言；15天皇向國民發表無條件投降（廣播）；17解散「滿洲國」。蘇聯軍攻占千島；30美軍麥克阿瑟元帥抵達厚木		4	蘇聯軍闖入柏林
			5	柏林淪陷德國無條件投降
			7	波茨坦會議（美英蘇）……發表波茨坦協定（對德處理方針）、波茨坦發表（以美英中之名勸告日本無條件投降）
9	2日本簽署投降文件。蘇聯軍占領國後，3蘇聯軍占領齒舞			

美國的民主化政策

　　盟軍占領日本，但實際上是美國的單獨占領。盟軍最高司令官麥克阿瑟在東京設置**駐日盟軍總司令部（GHQ）**，打算徹底推動民主化。而接受GHQ的指令，實施民主化政策的是**幣原喜重郎內閣**。

　　1945年9月到12月，GHQ陸續逮捕軍人和政府首腦等戰爭指導者，起訴當中的28人為**A級戰犯**。10月GHQ指示修改**大日本帝國憲法**，11月財閥解體，12月將國家和神道分離，實施農地改革、公布勞動組合法等。隔年1月天皇發表**人間宣言**，雖然也製作了新憲法的草案，但GHQ卻拒絕此案，推出充滿國民主權、象徵天皇制、放棄戰爭的**麥克阿瑟草案**，以此制定憲法草案，並於11月公布，次年47年5月開始實施。1946年控股公司整理委員會推動股份民主化，47年施行**獨占禁止法、過度經濟力集中排除法**。

　　47年3月制定學校教育法和**教育基本法**，義務教育年限從6年延長到9年，同年4月開始實施6、3、3、4學制。因通貨膨脹而薪水低下、糧食不足的勞動者發動「要米示威遊行」，頻頻罷工；1947年2月1日達到頂點，以全官公勞為主，加上民間的勞動者也一起加入總罷工，也就是「二一總罷工」。可是在罷工之前，GHQ便下令中止，大概是畏懼罷工規模過大，會釀成革命騷動吧！

同盟國占領日本的機制

極東委員會 （美 華盛頓）	美、英、法、蘇、中、加拿大、澳洲、印度、荷蘭、菲律賓、紐西蘭等11國（之後加入緬甸、巴基斯坦，共13國）

基本政策

美國政府

- 國務、陸軍、海軍3省調整委員會
- 國務省占領地區擔當國務次官補
- 統合參謀本部陸軍省民政局

諮詢 → **對日理事會**（東京）　美英中蘇

駐日盟軍
總司令部

General Headquarters of the Supreme Commander for the Allied Powers

（GHQ／SCAP）占領時期日本人稱之為「進駐軍」

參謀部	**幕僚部**	
• 參謀第1部（G1：人事） • 參謀第2部（G2：資訊） • 參謀第3部（G3：作戰） • 參謀第4部（G4：後勤）	• 民政局（GS） • 民間資訊教育局（CIE） • 公眾衛生福祉局（PHW） • 統計資料局（SRS）	• 經濟科學局（ESS） • 天然資源局（NRS） • 民間諜報局（CIS） • 民間通信局（CCS）

指令・勸告

日本國民 ← **日本政府**
法令

※主導日本民主化、非軍事化的民政局（GS），底下設有多名羅斯福新政的負責人，「冷戰」後參謀第2部（G2）強化增強，主導紅色肅清。

五大改革指令

①賦予女性參戰權
　→1945.12 修改眾議院議員選舉法，實施此案

②獎勵組成勞動工會
　→1945.12 勞動組合法
　　1946.9 勞動關係調整法
　　1947.4 勞動基準法（制定勞動三法）

③教育制度的自由主義改革
　→1947.3 教育基本法、學校教育法
　　1948.7 教育委員會法（制定教育三法）

④廢除祕密警察等
　→1945.10 廢除治安維持法、特別高等警察（特高）

⑤經濟機構民主化
　→1945～49 財閥解體
　　1946～50 農地改革

朝鮮特需帶動經濟復興

　　二戰結束後，以**蘇聯**為中心的**共產主義國**在東歐誕生，美蘇兩國產生激烈對立，被稱為「**冷戰**」。中國內部也再度發生國民黨和共產黨之間的內戰，這也影響到了GHQ對日本的占領政策。1947年4月的總選舉結果，**日本社會黨**首次成為第一黨，由社會、民主、國民協同三黨聯合的**片山哲內閣**成立。之後由同樣是三黨聯合的**蘆田均內閣**接任，推動與占領政策協調的政治。經濟方面則是採取將資金和資材聚焦在基礎產業（特別是鐵、煤、電力）的集中生產方式。

　　1948年10月，第三次**吉田茂內閣**成立。美國對吉田內閣下達**經濟安定九原則**指令，內容是以儘速穩定財政、金融、物價和薪資，並振興出口為目標。為了讓九原則具體化，1949年2月，美國勸告日本實行以**均衡預算**、集中生產、**設定單一匯率**（1美元360日圓）為基本原則的超緊縮財政，並改革稅制，推動增稅以及徵稅機構的合理化。

　　1949年，中國大陸的共產黨在內戰中獲勝，**中華人民共和國**成立後，美國立刻轉換對日占領方針，將日本設為反共的防波堤。1949年夏天，相繼發生國鐵三大謎案：下山事件、三鷹事件和松川事件。雖然真相不明，但據說是共產黨所為，官方也曾一度如此斷定；最後日本默默地解雇修築國鐵的10萬名員工。接著在隔年（1950年）爆發**朝鮮戰爭**，日本成為聯合國軍隊的基地，也是美國軍隊出發的據點。經濟方面出現了**特需景氣**。戰後日本經濟復甦的契機，又是因為戰爭。

占領政策及其轉變轉換

1945年	10	五大改革指令
	11	財閥解體指令
	12	神道指令 修改眾議院議員選舉法→女性有參政權 公布勞動組合法 修改農地調整法（第1次農地改革）
1946年	1	天皇的人間宣言「朕與爾等國民之間的聯繫，一直都是由互信互愛而來，非僅依神話和傳說而生，也不是基於『天皇是現世神明、日本國民比其他民族更加優越，從而應該支配世界』此等空想的概念。」 公職追放令
	2	金融緊急措置令
	4	第22屆眾議院議員總選舉（戰後第一次總選舉）
	11	公布日本國憲法（1947.5實施）
1947年	1	GHQ下令中止二一總罷工
	3	公布教育基本法、學校教育法
	4	實施六三制 第1屆統一地方選舉 公布勞動基準法、獨占禁止法、地方自治法
	12	公布修改民法
1948年	1	美國羅亞爾（Kenneth Claiborne Royall）陸軍長官發表演說「日本是對抗共產主義的壁壘」，將占領政策的轉換公諸於世
	7	麥克阿瑟以書狀公布政令201號（否認國家和地方公務員的團體交涉權、罷業權）
	11	遠東國際軍事法庭判25名戰犯有罪
	12	GHQ發表釋放岸信介、笹川良一、兒玉譽士夫等19名A級戰犯 相澤忠洋在群馬縣岩宿發現先土器時代的石器
1949年	1	第24屆眾議院議員總選舉（→共產黨的議席大幅增加）
	2	底特律銀行總裁道奇（Joseph M. Dodge）來訪日本，形容日本經濟是「一腳為美國援助，一腳為日本政府補助金的竹馬（踩高蹺）經濟」，催促日本經濟自立
	4	GHQ設定日圓的官方匯率（1美元＝360日圓）
	6	東京都決定實施失業對策事業，每天給付245日圓 來自蘇聯的復員再開，第1船「高砂丸」從舞鶴進港
	7	麥克阿瑟發布「日本是對抗共產主義入侵的壁壘」聲明 下山事件 三鷹事件
	8	松川事件 舒普（Shoup）稅制調查使節團發表「舒普勸告」
	9	在日朝鮮人聯盟（朝聯）等4個朝鮮團體因團體等規正令解散
	10	日本戰歿學生手記編輯委員會出版《聽啊，海神的聲音》 中華人民共和國成立

20

全新的日本

奪回的主權

朝鮮戰爭開始後，麥克阿瑟下令建立**警察預備隊**（7萬5000人）；另一方面，也決定放逐日本共產黨中央委員。開戰的同時，便停止發行共產黨的機關報《赤畑》，政府機關和企業也效仿此舉，將「共產黨員和贊同者」的標籤貼，在組合指導者和活動分子身上，單方面地進行解雇，這就是**紅色肅清**（red purge）。同一時期，被追究戰爭責任而遭到放逐的人們獲得解放，開始陸續在各個領域復出，這稱爲「**逆進程**」。

美國爲了鞏固日本**反共防波堤**的角色，早早就締結了對日和談條約，1951年9月，吉田茂首相擔任全權代表，出席**舊金山**的對日和談會議，與48個國家締結和平條約，達成和談。可是最大的受害國中國卻未受邀請，蘇聯和波蘭等國也拒絕簽署。

但日本還是恢復了獨立國的主權。而根據同時締結的**日美安全保障條約**，美軍可繼續駐留日本，日本需對美軍提供基地，至今仍維持半從屬狀態。

安保條約規定當遠東需要國際和平與安全，以及日本國發生內亂、騷亂時，美國可出動駐守美軍。基於此條約，次年（52年）雙方締結**日美行政協定**，日本給予美國軍治外法權和免除關稅等特權，同時分擔駐守軍隊的費用，並負起提供軍事基地的義務。

面對這些舉動，1952年的勞動節，以反對美國軍事基地化爲口號，部分示威遊行隊伍闖入皇居前廣場，引發與警官衝突的「**血之勞動節事件**」。

和談條約和占領結束

1950年	1	麥克阿瑟在年初的問候中，聲明「日本國憲法不否定自衛權」 社會黨分裂成左右兩派
	3	民主自由黨和部分民主黨聯合組成自由黨（吉田茂總裁） 池田勇人藏相說出「部分中小企業倒閉也是沒辦法的事」發言
	5	吉田茂首相譴責全面講和論的南原繁東大校長為「曲學阿世之徒」。同日，麥克阿瑟譴責日本共產黨為「侵略的幫手」
	6	麥克阿瑟發布日本共產黨中央委員24人的公職追放指令 朝鮮戰爭爆發 麥克阿瑟發布《赤畑》停止發行30天指令
	7	麥克阿瑟發布建立警察預備隊和擴充海上保安廳指令 GHQ向報導機關發出放逐共產黨員及贊同者勸告（開始紅色肅清） IOC有條件允許日本參加奧林匹克
	9	閣議（第3次吉田內閣）決定紅色肅清公務員的基本方針
	10	政府在GHQ承認之下，解放公職追放解除訴願中的1萬90人
	11	政府解除放逐3250名舊職業軍人
	12	池田勇人藏相在參議院預算委員會中說出「窮人吃麥」言論
1951年	4	美國杜魯門總統解任麥克阿瑟（後任為李奇威（Matthew Ridgway）陸軍中將）
	6	朝鮮戰爭的戰線幾乎膠著在北緯38度線上 政府發表第1次解除放逐（石橋湛山、三木武吉等2958人）
	8	政府發表第2次解除放逐（鳩山一郎等1萬3904人）
	9	在舊金山談和會議中簽署對日和平條約、日美安全保障條約
1952年	4	對日和平條約生效後，GHQ廢除遠東委員會
	5	第23屆勞動節中，示威遊行隊伍6000人和警官隊5000人進行大亂鬥（「血之勞動節事件」）

20 全新的日本

215

經濟復興和回歸
國際社會

　　1954年的造船醜聞事件發生時，自由黨分裂，以鳩山一郎爲總裁的**日本民主黨**成立，鳩山內閣取代吉田茂內閣。之前因和談條約分裂爲左右兩派的社會黨，於次年（55年）睽違4年統一。爲了對抗社會黨，民主、自由這兩個保守黨也聯合組成**自由民主黨**，進入自民、社會兩大政黨對立的時代，這就是所謂的**55年體制**。

　　鳩山內閣試圖改善與蘇聯及中國之間的關係，1956年，由鳩山擔任全權的使節團前往莫斯科，簽署恢復日蘇國交的共同宣言（**日蘇共同宣言**），原本反對日本加盟聯合國的蘇聯轉爲支持，於是日本便在同年正式決定加入**聯合國**。

　　1957年岸信介組閣。岸是東條英機內閣的商工大臣，曾被以戰犯名義逮捕，放逐令解除後回歸政界，並在岸內閣底下成立以增強自衛隊、修改憲法爲目標的憲法調查會，以及在國會提出以擴大警察權限的警察官職務執行法改正案等，強化戰後變革的政策。

　　日美相互協力及安全保障條約（新安保條約）的簽署，可說是這些政策的總整理。1960年1月新安保條約在華盛頓簽署，此時，以社會黨等爲中心，全學連（註：1948年成立的日本學生自治會聯合組織）和一般市民也參與其中的大規模示威遊行隊伍包圍國會，展開**60年安保鬥爭**，但向國會提出的新安保條約卻在警官隊的導入之下，由自民黨單獨表決成立。

　　條約生效後，岸內閣退場，池田勇人內閣登場。池田內閣推出經濟高度成長的「**所得倍增計畫**」。池田內閣以降，日本達到前所未有的經濟成長，現今成爲世界數一數二的經濟大國。

30 秒重點整理！

「政治的季節」到「經濟的季節」

1959年	1	第3次南極觀測隊確認留在昭和基地1年的樺太犬太郎和二郎的生存狀況
	3	淺沼稻次郎社會黨書紀長在拜訪地北京表示「美國帝國主義是日中兩國人民共同的敵人」 在社會黨、總評、原水協、中立勞連、日中友好協會等13個團體的呼籲下，有134個團體加盟，阻止日美安保條約修改國民會議結成
	4	皇太子結婚。為了收看遊行實況，電視的收視契約突破200萬 阻止安保修改國民會議第1次統一行動在東京的日比谷公園進行中央集會
	5	IOC決定1964年度奧運在東京舉辦
	9	伊勢灣颱風（中部地方死者與失蹤人數達5041人，受災戶達57萬戶）
	11	水俁病問題使1500漁民闖入新日本窒素水俁工廠 阻止安保修改國民會議第8次統一行動，國會請願示威遊行隊伍約2萬人闖進國會
	12	三井三池礦山向三礦連發出指名解雇公告（三池爭議開始）
1960年	1	三池勞組開始無限期罷工 在華盛頓簽署日美相互協力及安全保障條約（新安保條約）等
	5.19	眾議院安保特別委員會、自民黨強行表決，動員500名警力召開本會議 20 天未明，新安保條約強行表決（之後國會為空白狀態，國會周邊運日有示威隊伍的餘波） 24 智利地震海嘯襲擊太平洋沿岸，北海道南岸、三陸受災嚴重
	6.4	阻止安保修改第1次動用武力 10 美國總統新聞祕書官哈格第（James Campbell Hagerty）來日本時，在羽田機場遭遊行隊伍包圍，最後搭乘美軍直昇機逃離（隔天11日離日） 15 阻止安保修改第2次動用武力，全國有580萬人參加遊行（阻止安保修改國民會議、全學連等在國會示威遊行。右翼毆打遊行隊伍，60人受傷。全學連主流派企圖闖入國會，與警察起衝突，東大生樺美智子在國會內部身亡。約有4000名學生在國會內部抗議集會，與警官隊起衝突，負傷者超過1000人） 18 阻止安保修改國民會議統一行動有33萬人向國會示威遊行 19 凌晨0時 新安保條約自然成立（眾議院通過後30天） 23 交換新安保條約批准書，新安保條約生效。岸信介首相下台
	7	池田勇人內閣成立。第一個女性閣僚中山雅（厚相）
	9	自由民主黨發表「高度成長」、「所得倍增」等政策（「政治的季節」轉為「經濟的季節」） 皇太子夫妻訪美
	10	淺沼稻次郎社會黨委員長在日比谷公會堂的3黨首選前演講會上，遭右翼少年刺殺
	11	解決三池爭議
	12	閣議決定國民所得倍增計畫

20

全新的日本

結語

最後感謝將本書看完的各位讀者。

本書內容是以日本目前使用的高中生教科書爲準則,具體內容是筆者在河合塾,以東大、早慶大考生爲對象所使用的日本史講義。如果是很久沒讀日本史,心血來潮想復習一下的讀者,在看過之後可能會覺得,有些內容和解釋跟以前不太一樣。教科書每次在修訂時,內容都會有些許改變,雖然不會每年修改,但現在的教科書和20～30年前的內容差異甚大,甚至會出現一些不同的見解。

例如「鎖國」這個名詞,現在的教科書並不是將焦點放在國際環境封閉的江戶時代上。當時除了幕府的直轄城市長崎(中國和荷蘭的關係)之外,還有松前藩與北方愛奴族的交流、薩摩藩島津氏透過琉球王國與中國的交流、與對馬藩宗氏締結外交關係的朝鮮,以及通信使、謝恩使、慶賀使等使節,這些稱爲「四個窗口」。

江戶幕府之所以會滅亡,是因爲封閉的外交,使得國際新知和學問很晚傳入日本,加上思想管制,導致歐美學問的吸收也大幅落後。從薩摩與長州藩的立場來看,便批評這個情況爲「鎖國」。但現在的教科書想強調的不是「鎖國」,而是「四個窗口」。主張打倒幕府,擁立天皇,掌握國家實權的薩摩與長州,爲了將自己的行爲正當化所提出的「薩長史觀」,在此得到導正。

顯示江戶時代爲政者農民觀的《慶安御觸書》,過去也有刊載在教科書裡,但後來研究結果證明,這並不是出自幕府的文物,因此從教科書上刪除了。況且只因爲當時正值饑饉頻繁、百姓一揆與暴動接連不斷的時期,就記載江戶時代的農民經常處於窮困狀態,確實

不太恰當。農民背負重稅是事實，但從農村誕生了許多學者、思想家和藝術家也是事實。

　　因此請讀者務必了解本書中提到的時代觀點、制度、法律的意義都還可能有所變動，或是遭到否定。希望大家能夠認清世上幾乎沒有單純之「歷史的真實」，想要解釋過去的歷史，就必須帶著客觀的角度，試著自己去解讀。

　　日本有句俗語是：「講談師可以像親眼看過般地說著謊言。」因此千萬不要覺得上演著歷史、看起來很逼真的古裝劇世界，就是「日本史」的一部分。希望各位可以了解這類歷史小說和戲劇，其實都對學習「日本史」沒有太大幫助，更是與真正的「歷史」毫無關聯。

2016 年 9 月

石川晶康

博雅文庫 231

十小時速懂日本史

中高6年間の日本史が10時間でざっと学べる

作　　者　石川晶康
譯　　者　林琬清
審　　訂　翁育瑄
發 行 人　楊榮川
總 經 理　楊士清
總 編 輯　楊秀麗
執行主編　劉靜芬
校對編輯　沈郁馨
封面設計　王麗娟
出 版 者　五南圖書出版股份有限公司
地　　址　106台北市大安區和平東路二段339號4樓
電　　話　(02)2705-5066
傳　　眞　(02)2706-6100
劃撥帳號　01068953
戶　　名　五南圖書出版股份有限公司
網　　址　http://www.wunan.com.tw
電子郵件　wunan@wunan.com.tw
法律顧問　林勝安律師事務所　林勝安律師
出版日期　2020年 10 月初版一刷
定　　價　新臺幣350元

國家圖書館出版品預行編目資料

十小時速懂日本史／石川晶康著；林琬清譯. -- 初版.
-- 臺北市：五南, 2020.10
　面；　公分. --（博雅文庫；231）
　譯自：中高6年間の日本史が10時間でざっと学べ
　ISBN 978-986-522-196-6（平裝）

1.日本史

731.1　　　　　　　　　　　　　109011823